# Spirituelle islamische Traumdeutung

Mit Traumdeutungen von den großen islamischen Gelehrten

Ibni Sirin

Imam Nablusi

Seyyid Süleyman el-Hüseyni

**Impressum**

Bibliografische Information der Deutschen Nationalbibliothek:
Die Deutsche Nationalbibliothek verzeichnet diese Publikation in der Deutschen Nationalbibliografie; detaillierte bibliografische Daten sind im Internet über http://dnb.dnb.de abrufbar.

© 2021 Pinar Akdag

Buchcover: Canva.com

Herstellung und Verlag: BoD – Books on Demand, Norderstedt

ISBN: 978-3-7543-2758-6

# Inhalt

| | |
|---|---|
| Vorwort | 25 |
| A. | 28 |
|     Abdest | 28 |
|     Adem (a. s.) (islamisch für Adam) | 28 |
|     Adler | 28 |
|     Aischa (r. a.) (eine Frau des Propheten Mohammed) | 29 |
|     Ali (r. a.) | 29 |
|     Allah (c. c.) | 29 |
|     Almosen | 29 |
|     Ameise | 30 |
|     Ananas | 30 |
|     Anis | 30 |
|     Apfel | 30 |
|     Aprikose | 30 |
|     Arm | 31 |
|     Armreif | 31 |
|     Armut | 31 |
|     Arzneimittel | 31 |
|     Arzt | 32 |
|     Aubergine | 32 |
|     Auferstehung | 32 |
|     Auge | 32 |
|     Ausruhen | 32 |

- Auto .................................................................................................................. 32
- Automobil ......................................................................................................... 33
- Ayetü´l-kürsi ..................................................................................................... 33

B ................................................................................................................................ 33
- Bach .................................................................................................................. 33
- Bäcker ............................................................................................................... 33
- Banane .............................................................................................................. 33
- Bär ..................................................................................................................... 33
- Bart .................................................................................................................... 34
- Basar ................................................................................................................. 34
- Basilikum .......................................................................................................... 34
- Bauer ................................................................................................................. 34
- Baum ................................................................................................................. 34
- Becher ............................................................................................................... 35
- Beerdigung ....................................................................................................... 35
- Bein ................................................................................................................... 35
- Bekleidung ....................................................................................................... 36
- Berg ................................................................................................................... 36
- Beten ................................................................................................................. 36
- Bett .................................................................................................................... 36
- Bettler ............................................................................................................... 36
- Beziehung ......................................................................................................... 37
- Biene ................................................................................................................. 37
- Birne .................................................................................................................. 37
- Bismillahirrahmanirrahim (islamischer Ausspruch vor jeder Handlung) ............. 37

Blume ............................................................................................................. 38

Blumenhändler ............................................................................................. 38

Blumenkohl .................................................................................................. 38

Boden ........................................................................................................... 38

Bogen mit Pfeil ............................................................................................. 39

Bohnen ......................................................................................................... 39

Bräutigam ..................................................................................................... 39

Brief .............................................................................................................. 39

Brombeere .................................................................................................... 39

Brot ............................................................................................................... 39

Brücke .......................................................................................................... 40

Bruder .......................................................................................................... 40

Brunnen ....................................................................................................... 40

Brust ............................................................................................................. 41

Buch ............................................................................................................. 41

Buch der Taten ............................................................................................ 41

Burg .............................................................................................................. 41

Butter ........................................................................................................... 41

C ........................................................................................................................ 42

Cevshen ....................................................................................................... 42

Christ ............................................................................................................ 42

D ........................................................................................................................ 42

Dach ............................................................................................................. 42

Dattel ............................................................................................................ 42

Davud (a. s.) (islamisch für David) ............................................................. 42

Dieb ............................................................................................................. 42

Doktor ......................................................................................................... 43

Dorf ............................................................................................................. 43

Duft ............................................................................................................. 43

Dunkelheit ................................................................................................... 43

Dunst ........................................................................................................... 43

E ....................................................................................................................... 43

Ebu Bekir (r. a.) ........................................................................................... 43

Ei ................................................................................................................. 43

Eifersucht ..................................................................................................... 44

Eisen ............................................................................................................ 44

Elefant ......................................................................................................... 44

Engel ........................................................................................................... 44

Ente ............................................................................................................. 45

Erbsen ......................................................................................................... 45

Erdbeere ..................................................................................................... 45

Erdnuss ....................................................................................................... 45

Erholung ..................................................................................................... 45

Erde (Welt) ................................................................................................. 45

Erde ............................................................................................................. 46

Esel .............................................................................................................. 46

Essen ........................................................................................................... 46

Eyyup (a. s.) (islamisch für Hiob) .............................................................. 46

Ezan ............................................................................................................ 46

F ....................................................................................................................... 46

| | |
|---|---|
| Fahrzeug | 46 |
| Fallen | 47 |
| Familie | 47 |
| Fasten | 47 |
| Fatiha Sure | 47 |
| Fatima (r. a.) (eine Tochter des Propheten Mohammed) | 47 |
| Feige | 47 |
| Feind | 48 |
| Felak Sure | 48 |
| Festung | 48 |
| Feuer | 48 |
| Feuerzeug | 48 |
| Finden | 48 |
| Fisch | 49 |
| Fleisch | 49 |
| Fliege | 49 |
| Fliegen | 50 |
| Flöte | 50 |
| Flügel | 50 |
| Flugzeug (oder Heißluftballon) | 50 |
| Fluss | 51 |
| Flut | 51 |
| Frau | 51 |
| Freude | 51 |
| Freundschaft | 51 |

- Friseur ............................................................................................................ 52
- Frosch ............................................................................................................ 52
- Frühling ......................................................................................................... 52
- Fuß ................................................................................................................. 52

# G ...................................................................................................................... 52

- Gähnen .......................................................................................................... 53
- Garten ............................................................................................................ 53
- Gebet ............................................................................................................. 53
- Gebetsruf ...................................................................................................... 53
- Gebetsrufer ................................................................................................... 54
- Gebetsteppich .............................................................................................. 54
- Gebetswaschung .......................................................................................... 54
- Geburt ........................................................................................................... 54
- Gefängnis ...................................................................................................... 54
- Gehirn ............................................................................................................ 54
- Gelehrter ....................................................................................................... 54
- Gemüsegarten .............................................................................................. 55
- Gerste ............................................................................................................ 55
- Geschenk ....................................................................................................... 55
- Geschlechtsverkehr ..................................................................................... 55
- Glas (Becher) ................................................................................................. 56
- Glas (Material) .............................................................................................. 56
- Gold ............................................................................................................... 56
- Gott ................................................................................................................ 56
- Großmutter ................................................................................................... 57

- Großvater .................................................................................................. 57
- Gurke ........................................................................................................ 57
- Gusül Abdest (islamische rituelle Waschung) ..................................... 57

# H ................................................................................................................ 57

- Haare ........................................................................................................ 57
- Hadsch ..................................................................................................... 58
- Hagel ........................................................................................................ 58
- Hahn ......................................................................................................... 58
- Hals .......................................................................................................... 58
- Hand ......................................................................................................... 58
- Hase ......................................................................................................... 58
- Haselnuss ................................................................................................. 59
- Haus ......................................................................................................... 59
- Heer .......................................................................................................... 59
- Heiraten .................................................................................................... 59
- Heißluftballon ........................................................................................... 60
- Hemd ........................................................................................................ 60
- Henna ....................................................................................................... 60
- Herd .......................................................................................................... 60
- Herz .......................................................................................................... 60
- Himmel ..................................................................................................... 60
- Hirsch ....................................................................................................... 60
- Hirte .......................................................................................................... 61
- Hochzeit ................................................................................................... 61
- Honig ........................................................................................................ 61

    Honigbiene .................................................................................................. 61

    Hud (a. s.) (islamisch für Eber bzw. Heber) ........................................... 62

    Hügel ............................................................................................................ 62

    Huhn ............................................................................................................ 62

    Hund ............................................................................................................ 62

I ............................................................................................................................. 62

    Ibrahim (a. s.) (islamisch für Abraham) ................................................. 62

    Idris (a. s.) ................................................................................................... 62

    Ihlas Sure .................................................................................................... 63

    Imam ........................................................................................................... 63

    Isa (a. s.) (islamisch für Jesus) ................................................................ 63

    Ishak (a. s.) ................................................................................................. 63

    Islamisches Gebet ..................................................................................... 63

    Ismail (a. s.) (islamisch für Ismael) ......................................................... 63

J ............................................................................................................................. 63

    Joghurt ........................................................................................................ 64

    Junge ........................................................................................................... 64

    Junger Mann .............................................................................................. 64

    Juwelier ....................................................................................................... 64

K ............................................................................................................................ 64

    Kaaba .......................................................................................................... 64

    Kaffee .......................................................................................................... 64

    Kajal ............................................................................................................. 65

    Kamel .......................................................................................................... 65

    Kamille ........................................................................................................ 65

Karotten .................................................................................................. 65

Kartoffel ................................................................................................. 65

Käse ...................................................................................................... 65

Kerze ..................................................................................................... 66

Kevser See ............................................................................................ 66

Kirsche .................................................................................................. 66

Kiyamet (islamisch für Weltuntergang) .................................................. 66

Kleidung ................................................................................................ 66

Knopf ..................................................................................................... 67

Koch ...................................................................................................... 67

Kochen .................................................................................................. 67

Kokosnuss ............................................................................................. 67

Kopf ....................................................................................................... 68

Kopfschmerzen ..................................................................................... 68

Koran .................................................................................................... 68

Körper ................................................................................................... 68

Krankheit .............................................................................................. 68

Kreuzkümmel ....................................................................................... 69

Krieg ..................................................................................................... 69

Sofern man im Traum in den Krieg zieht, erreicht man einen hohen Rang und wird vom Volk angesehen. ................................................................... 69

Wenn man im Traum gegen den Widersacher kämpft und siegt, wird man angesehene Worte verbreiten. ............................................................. 69

Falls man gegen seine Freunde oder andere Personen kämpft, wird man sich Gutes entgegenbringen oder die Freundschaft wird zunehmen. ........... 69

Krone .................................................................................................... 69

    Kühlschrank .................................................................................. 69

    Kürbis ............................................................................................ 69

    Küssen ........................................................................................... 70

L ........................................................................................................ 70

    Lächeln .......................................................................................... 70

    Leben ............................................................................................. 70

    Leber .............................................................................................. 70

    Lehrer ............................................................................................ 70

    Leiter .............................................................................................. 71

    Levh-i mahfuz (Schicksalsbuch) ................................................... 71

    Licht ............................................................................................... 71

    Liebe .............................................................................................. 71

    Lippen ............................................................................................ 72

    Löwe .............................................................................................. 72

    Lunge ............................................................................................. 72

M ....................................................................................................... 72

    Mädchen ....................................................................................... 72

    Mahlzeit ........................................................................................ 72

    Majoran ......................................................................................... 72

    Mandel .......................................................................................... 72

    Mann ............................................................................................. 73

    Markt ............................................................................................. 73

    Mars (Planet) ................................................................................ 73

    Maus .............................................................................................. 73

    Medikament ................................................................................. 73

| | |
|---|---|
| Meer | 73 |
| Mehl | 74 |
| Menschenmenge | 74 |
| Meryem (a. s.) (islamisch für Maria) | 74 |
| Mihrap (islamische Gebetsnische) | 74 |
| Milch | 74 |
| Minarett | 75 |
| Misk | 75 |
| Mohammed (s. a. v.) | 75 |
| Möhren | 75 |
| Mond | 76 |
| Moschee | 76 |
| Moschus | 76 |
| Muezzin (Gebetsrufer) | 76 |
| Mühle | 77 |
| Mund | 77 |
| Musa (a. s.) (islamisch für Moses) | 77 |
| Muskatnuss | 77 |
| Mutter | 78 |
| N | 78 |
| Nacht | 78 |
| Nachtigall | 78 |
| Nacktheit | 78 |
| Nadel | 78 |
| Nägel | 79 |

Namaz (islamisches Gebet) .................................................................................. 79

Narzisse ................................................................................................................ 80

Nase ..................................................................................................................... 80

Nebel .................................................................................................................... 80

Nelke .................................................................................................................... 80

Niere ..................................................................................................................... 80

Niesen .................................................................................................................. 81

Nudeln .................................................................................................................. 81

Nuh (a. s.) (islamisch für Noah) ........................................................................... 81

O ................................................................................................................................ 81

Obst ...................................................................................................................... 81

Ofen ...................................................................................................................... 82

Ohr ........................................................................................................................ 82

Öllampe ................................................................................................................ 82

Ömer (r. a.) ........................................................................................................... 82

Opfergabe ............................................................................................................ 82

Osman (r. a.) ........................................................................................................ 83

P ................................................................................................................................ 83

Palast ................................................................................................................... 83

Papagei ................................................................................................................ 83

Papier ................................................................................................................... 83

Paradies ............................................................................................................... 83

Parfüm .................................................................................................................. 84

Pauke ................................................................................................................... 84

Perle ..................................................................................................................... 84

Perlenkette ............................................................................................................................. 84

Petersilie ................................................................................................................................ 84

Pfeffer .................................................................................................................................... 85

Pfeil und Bogen ...................................................................................................................... 85

Pferd ...................................................................................................................................... 85

Pfirsich ................................................................................................................................... 86

Pflaume .................................................................................................................................. 86

Pilze ....................................................................................................................................... 86

Prophet .................................................................................................................................. 86

Q ................................................................................................................................................ 86

Quelle .................................................................................................................................... 86

Quitte ..................................................................................................................................... 87

R ................................................................................................................................................ 87

Rauch ..................................................................................................................................... 87

Regen ..................................................................................................................................... 87

Reis ........................................................................................................................................ 87

Richter ................................................................................................................................... 87

Ring ........................................................................................................................................ 88

Rose ....................................................................................................................................... 88

Rosengarten .......................................................................................................................... 88

Rosenwasser ......................................................................................................................... 88

Rosenöl .................................................................................................................................. 88

Rücken ................................................................................................................................... 88

Rüstung .................................................................................................................................. 89

S ................................................................................................................................................ 89

| | |
|---|---|
| Saat | 89 |
| Salz | 89 |
| Sammeln | 90 |
| Sand | 90 |
| Schaf | 90 |
| Schachspiel | 90 |
| Schatten | 90 |
| Schatz | 90 |
| Schere | 91 |
| Schiff | 91 |
| Schloss (Palast) | 91 |
| Schloss | 92 |
| Schlüssel | 92 |
| Schmerzen | 92 |
| Schmied | 92 |
| Schnee | 93 |
| Schneider | 93 |
| Schönheit | 93 |
| Schuhe | 93 |
| Schulden bezahlen | 93 |
| Schultern | 94 |
| Schwangerschaft | 94 |
| Schwarzkümmel | 94 |
| Schwert | 94 |
| Schwester | 95 |

| | |
|---|---|
| Schwimmen | 95 |
| Seide | 95 |
| Seife | 95 |
| Sesam | 95 |
| Siegel | 96 |
| Silber | 96 |
| Silbermünze | 96 |
| Skorpion | 96 |
| Socken | 96 |
| Soldat | 97 |
| Sommer | 97 |
| Sonne | 97 |
| Sonnenblume | 97 |
| Sparen | 98 |
| Speise | 98 |
| Spende | 98 |
| Spiegel | 98 |
| Spinat | 98 |
| Spinne | 98 |
| Stadt | 99 |
| Statue | 99 |
| Sterben | 99 |
| Stern | 99 |
| Stift | 99 |
| Stirn | 100 |

- Storch ............................................. 100
- Süleyman (a. s.) (islamisch für Salomon) ............ 100
- Süßspeise .......................................... 101

**T** ................................................. 101

- Tag ................................................ 101
- Taube .............................................. 101
- Taucher ............................................ 102
- Tee ................................................ 102
- Teig ............................................... 102
- Teppich ............................................ 103
- Thron .............................................. 103
- Tier ............................................... 103
- Tinte .............................................. 103
- Tod ................................................ 103
- Tomaten ............................................ 103
- Tränen ............................................. 103
- Trauben ............................................ 104
- Treppe ............................................. 104
- Trinken ............................................ 104
- Trommel ............................................ 104
- Truhe .............................................. 104
- Tulpe .............................................. 105
- Tür ................................................ 105
- Türkischer Honig ................................... 105
- Turm ............................................... 105

## U ............................................................................................................... 105
Übergewicht ................................................................................................ 105
Umarmen ..................................................................................................... 105

## V ............................................................................................................... 106
Vater ............................................................................................................. 106
Vergebung finden ........................................................................................ 106
Vergeben ..................................................................................................... 106
Verlobung .................................................................................................... 106
Verstand ...................................................................................................... 107
Vogel ............................................................................................................ 107
Vollbart ........................................................................................................ 107
Vorbeter ...................................................................................................... 107

## W .............................................................................................................. 107
Waffe ........................................................................................................... 107
Wallfahrt nach Mekka ................................................................................ 107
Walnuss ....................................................................................................... 107
Waschen ...................................................................................................... 108
Wasser ......................................................................................................... 108
Wasserhahn ................................................................................................ 108
Wassermelone ............................................................................................ 109
Watte ........................................................................................................... 109
Welt ............................................................................................................. 109
Weltuntergang ........................................................................................... 109
Weinen ........................................................................................................ 109
Weizen ......................................................................................................... 109

- Wiese .................................................................................................. 110
- Wind ................................................................................................... 110
- Winter ................................................................................................. 110
- Wissen ................................................................................................ 111
- Wissenschaftler ................................................................................. 111
- Wolf ................................................................................................... 111
- Wolke ................................................................................................ 111
- Wolle .................................................................................................. 111
- Wüste ................................................................................................ 112

Y ............................................................................................................ 112
- Yunus (a. s.) (islamisch für Jonas) .................................................... 112
- Yusuf (a. s.) (islamisch für Josef) ...................................................... 112

Z ............................................................................................................ 112
- Zähne ................................................................................................ 112
- Zelt .................................................................................................... 113
- Zemzem (Quelle in Mekka) ............................................................... 113
- Zitrone .............................................................................................. 113
- Zucker ............................................................................................... 113
- Zuhören ............................................................................................ 113
- Zunge ................................................................................................ 113

Die Bedeutungen der Abkürzungen in diesem Buch ............................. 114

Literaturverzeichnis ............................................................................... 115

Vorwort

In diesem Buch über islamische Traumdeutung wurden hauptsächlich die Traumdeutungen von

Ibni Sirin
Imam Nablusi und
Seyyid Süleyman el-Hüseyni

berücksichtigt.
Damit Sie möglichst verschiedene Traumdeutungen vorfinden können, sind noch vereinzelt Traumdeutungen von

Cafer-i Sadik
Ibni Kesir
Salimi und
Kirmani

vorhanden.
Auf diese Weise finden Sie in diesem Buch zahlreiche islamische Traumdeutungen vor.
Diese Traumdeutungen sind traditionelle Überlieferungen der größten Traumdeuter des Islam und wurden von der Autorin aus dem Türkischen übersetzt.

Keine der Deutungen können garantiert werden und ebenso kann keine Richtigkeit oder ein garantiertes Eintreffen der Traumdeutungen gewährleistet werden.

Es gibt nach dem Islam drei Arten von Traum:

1. Wahrhafter Traum von Allah
2. Träume, die vom Alltag beeinflusst sind
3. Albträume

Wahrhafte Träume erkennen Sie daran, dass diese meist in einer positiven Grundstimmung gesehen werden und keine Bedrängnis, kein Kummer und keine Angst haftet an diesen.
Solche wahrhaften Träume haben oftmals Symbolcharakter. Die Traumdeutungen in diesem Buch können Ihnen helfen, diese Symbole richtig zu deuten.

Träume, die vom Alltag beeinflusst sind, haben oftmals wenig Bedeutung.
Etwas beschäftigt Sie während des Tages und in der Nacht sehen Sie abschnittweise Träume, die nicht viel aussagen und mitunter sogar etwas durcheinander verlaufen.
Solche Träume eignen sich wenig für eine islamische Traumdeutung, denn diese haben wenig Symbolcharakter, sondern drücken lediglich aus, was Sie tagsüber erlebten. Sie verarbeiten also, womit Sie während des Tages beschäftigt waren.

Albträume, so sagt man im Islam, werden vom Teufel veranlasst und sollen die Menschen in Angst versetzen. Sollten Sie einen schlechten Traum haben, schweißgebadet aufwachen oder schlimme Szenen im Traum sehen, sollten diese ebenfalls nicht gedeutet werden.
Vielmehr sollten Sie sich besinnen und sich an den Schöpfer wenden. Im besten Fall sollte man etwas an arme Menschen spenden und das eigene Leben im Guten führen.

Der Traum ist wie ein Spiegel.
Je reiner und sauberer der Spiegel ist, desto besser kann man darin sehen.

Besinnen Sie sich daher am besten auf das Gute und lassen Sie negative Eigenschaften, Gedanken und Taten zurück.

Mit der Zeit werden Sie dann immer schönere und größere Träume haben und frohe Botschaften erhalten.

Die Traumdeutungen in diesem Buch wurden gezielt ausgewählt.
Symbole, die eine recht schlechte Deutung aufweisen, wurden häufig weggelassen.

In diesem Buch liegt der Fokus auf den positiveren Symbolen.

Das hat mehrere Gründe:

Sie werden sehr wohl wissen, welche Ihrer Träume würdig sind, gedeutet zu werden, da diese besonders positiv sind.

Ebenso werden Sie genau wissen, welcher Traum ein Albtraum ist oder völlig belanglos ist und eine Verarbeitung des Alltags ist.

Sofern Sie lediglich die wirklich bedeutsamen Träume mit diesem Buch deuten, werden Sie zuverlässigere Traumdeutungen erhalten.

In der Hoffnung, dass Sie mit diesem Buch hilfreiche Hinweise für Ihre Träume erhalten, überlasse ich Ihnen nun die Inhalte dieses Werkes mit meinen besten Wünschen.

Pinar Akdag

# A

## Abdest

Wenn man im Traum die Abdest- oder Gusülwaschung durchführt, befreit man sich von Schulden. Falls man die Abdestwaschung durchführt, wird man von Mühe befreit und alle Bedürfnisse werden gestillt.

Sofern man mit sauberem Wasser und vollständig die Abdestwaschung ausführt, befreit man sich von Kummer und Leid, wenn man bekümmert ist.

Wenn man Schulden hat, bezahlt man die Schulden, falls man krank ist, wird man gesund, wenn man ein Sünder ist, gelobt man Besserung und die Sünden werden vergeben.

Sofern man Angst hat, wird man von den Ängsten erlöst. Mit sauberem Wasser die Abdestwaschung durchzuführen ist immer ein guter Traum.

## Adem (a. s.) (islamisch für Adam)

Wenn man im Traum den Propheten Adem (a. s.) sieht, erreicht man Größe, ein langes Leben, man erlangt Besitz und bei Tätigkeiten, die man sich vornimmt, erreicht man diese mit Leichtigkeit. Zudem werden die Gebete des Träumenden erfüllt.

Wenn eine würdige Person von Adem (a. s.) träumt, gelangt er zu den Rängen von Heiligen.

Sofern man kein Würdeträger ist, sollte man für manche Taten Reue zeigen.

Falls man mit Adem (a. s.) spricht, kommt man in Besitz von Wissen und Geschicklichkeit.

## Adler

Sofern man im Traum einen Adler besitzt, erlangt man Würde und Ansehen.

Falls man im Traum einen Adler besitzt, mit ihm fliegt und keine Angst vor ihm hat, werden die Tätigkeiten des Träumenden gut verlaufen.

Wenn man im Traum einen Adler sieht und hört, wird man mit einer Person eine Auseinandersetzung und einen Streit haben.

Aischa (r. a.) (eine Frau des Propheten Mohammed)
Falls man von Aischa (r. a.) träumt, deutet das auf Gnade und Wohlstand hin.
Wenn eine Frau von Aischa (r. a.) träumt, wird diese einen hohen Rang und Ruhm erreichen. Neben ihrem Vater und ihrem Partner (Ehemann) wird sie geschätzt und angesehen.

Ali (r. a.)
Falls man im Traum den Kalifen Ali sieht, ist man eine großzügige Person.
Dieser Traum deutet auf viel Wissenserwerb, Stärke und ein stabiles Fundament hin.
Von Ali (r. a.) zu träumen ist ein Zeichen für einen hohen Rang, Tapferkeit, Stärke, Großzügigkeit und fromme Taten.

Allah (c. c.)
Wenn man im Traum Allah (c. c.) sieht, befreit man sich von allen Ängsten bezüglich dem Diesseits und dem Jenseits, man erreicht seine Ziele für das Diesseits und das Jenseits und man wird glücklich. Man wird vor Krankheiten und Unfällen bewahrt und erreicht ein komfortables und gesundes Leben. Man findet für alle seine Fehler und Sünden Vergebung.
Falls ein Bekenntnisloser vom Schöpfer träumt, kommt er zum Glauben und erreicht seine Ziele für das Diesseits und das Jenseits.
So, wie es in den Hadithen (Überlieferungen von Mohammed (s.a.v.)) überliefert wurde, erreicht man, wenn man von Allah (c. c.) träumt, seine Ziele und Bestimmung und man wird im Jenseits den Schöpfer sehen.
Wenn man im Traum vor Allah (c. c.) steht und der Schöpfer den Träumenden ansieht, wird man gute Arbeit ausführen und die Gnade des Schöpfers erreichen.
Sofern der Schöpfer hinter einem Vorhang zum Träumenden spricht, wird der Besitz zunehmen, man wird im Glauben erstarken und in Sicherheit sein.

Almosen
(Siehe Spende)

## Ameise
Falls man im Traum viele Ameisen sieht, wird das mit vielen Menschen gedeutet.
Sofern man im Haus Ameisen sieht, wird man viel Nachwuchs haben.
Kleine rote Ameisen bedeuten schwache Personen und große schwarze Ameisen werden mit der Familie und den Verwandten gedeutet.

## Ananas
Wenn man im Traum eine Ananas sieht, ist das ein Zeichen, eine respektable und introvertierte Person zu sein.

## Anis
Falls man im Traum Anis sieht, ist das ein Zeichen für Gutes und Vorteile.
Manchmal wird Anis auch mit Kummer gedeutet.
Frischer Anis ist im Traum besser als trockener Anis.
Meist bedeutet Anis Gutes.
Wenn man im Traum Anis kauft, deutet das auf eine Nachricht, auf die man wartet, hin.
Wer Anis einnimmt, wird sich über eine Nachricht freuen.
Sofern man einen Anisbaum mit blühenden Blüten sieht, bedeutet das eine erfreuliche Nachricht von unerwarteter Stelle.

## Apfel
Wenn man im Traum einen grünen Apfel sieht, bedeutet das Nachwuchs, ein roter Apfel bedeutet Hilfe von großen Persönlichkeiten, ein weißer Apfel bedeutet Gewinn durch Handel und ein gelber und saurer Apfel bedeutet Krankheit.
Falls man einen süßen Apfel hat, erhält man gute Nachricht.
Ein saurer Apfel deutet auf eine schlechte Nachricht hin.

## Aprikose
Sofern man Aprikosen zu der Erntezeit im Traum sieht, deutet das auf Gutes und Wohlstand hin.
Aprikosen außerhalb der Erntezeit bedeuten Trauer.

Ein Aprikosenbaum deutet auf einen Mann hin, von dem die Menschen profitieren.

Arm

Wenn man im Traum einen Arm oder Arme sieht, deutet das auf einen Verwandten oder Partner hin, der dem Träumenden bei Vorhaben behilflich ist.

Falls man seinen Arm vollkommen und schön sieht, bedeutet das, dass man bei weltlichen Vorhaben Hilfe erhält.

Sofern die Arme kurz sind, wird es an Hilfe mangeln.

Falls die Arme schwächlich und dünn sind, werden Personen, von denen man Hilfe erhofft, nichts Gutes im Sinn haben.

Arme werden auch mit Stärke, einem Amt, Kunst, Besitz und Geld gedeutet.

Wenn die Arme schwächlich sind, fehlen diese Eigenschaften.

Falls die Arme stark und schön sind, sind diese Eigenschaften vorhanden.

Für einen Mann ist ein behaarter Arm ein gutes Zeichen, für eine Frau jedoch nicht.

Armreif

Falls man im Traum Armreifen aus Gold oder Silber sieht, so ist das ein Zeichen, dass der Träumende eine fromme Person ist und eine Anleitung für andere in guten Taten ist.

Zudem bedeutet ein Traum mit Armreifen, sich einer Person zu nähern, die würdig und weise ist und ist außerdem ein Zeichen für Besitz und Gutes.

Armut

Sofern man im Traum Armut sieht, bedeutet das, sich im Glauben zu bessern.

Wer von Armut träumt, wird zu Allah (c. c.) Nähe haben und die Umstände werden sich bessern.

Sollte man von Armut träumen, wird man viele Speisen und Wohlstand erlangen.

Falls eine wohlhabende Person von Armut träumt, wird sich sein Besitz mehren.

Arzneimittel

Wenn man seine Augen mit einem Arzneimittel behandelt, deutet das auf Glauben hin.

Sollte man ein Medikament einnehmen, ist das ein gutes und positives Zeichen.

## Arzt

Falls man im Traum einen Arzt sieht, deutet das auf eine gelehrte Person hin.
Wenn man von einem Arzt träumt, ist das ein Zeichen für einen Gelehrten.
Sofern im Traum zu einem Patienten ein Arzt kommt, wird man gesund.
Sollte ein Arzt dem Träumenden ein Medikament geben, erreicht man Gesundheit.
Falls man im Traum selbst ein Arzt ist, erlangt man angemessenen Rang.

## Aubergine

Wenn man im Traum eine Aubergine sieht, bedeutet das sowohl Trauer als auch Besitz.

## Auferstehung

(Siehe Kiyamet)

## Auge

Falls man im Traum Augen sieht, wird das mit Glaube gedeutet.
Wenn man im Traum kraftvolle Augen hat, ist das ein gutes Zeichen.
Sofern die Augen schwächeln, ist man materiell auf Hilfe angewiesen.
Wenn man im Traum jemandem zuzwinkert, bedeutet das ein geheimes Vorhaben.

## Ausruhen

Wenn man sich im Traum nach Anstrengung und Mühe ausruht und Gemütlichkeit erlangt, wird man nach Armut Reichtum und nach Kummer einen frommen Partner erlangen.

## Auto

Wenn man im Traum ein Auto sieht, ist das ein Zeichen für die Vorkehrungen, die man für seinen Unterhalt getroffen hat. Denn ein Auto ladet zahlreiche Sachen auf und transportiert diese von einem Ort zum anderen.
Sofern man im Traum in ein Auto steigt, weist das auf eine lange Reise hin.

Mitunter wird der Traum von einem Auto auch mit Nachwuchs gedeutet.

Automobil
(Siehe Auto)

Ayetü´l-kürsi
Falls man im Traum die Koransuren des Ayetü´l-kürsi liest, befreit man sich von Leiden und Unfällen und errichtet sich ein positives Jenseits im Leben.
Ayetü´l-kürsi im Traum zu lesen oder von anderen zu hören, schützt vor Unfällen und man erreicht seine Wünsche.
Wenn man krank ist, wird man gesund, man gewinnt an Ansehen.

B

Bach
Sofern man im Traum einen Bach sieht, erreicht man Besitz und Wohlstand.

Bäcker
Falls man im Traum einen Bäcker sieht, ist das ein Zeichen für die Befreiung von Ängsten, für Wohlstand und Besitz. Manchmal wird ein Bäcker auch mit Nachwuchs und Liebe gedeutet.
Sofern man sich im Traum selbst als Bäcker sieht, kann man großen Besitz erreichen.

Banane
Wenn man im Traum Bananen sieht, deutet das auf verborgenen Besitz, eine Schwangerschaft, Gefängnis oder ein Buch hin.

Bär
Einen Bären im Traum zu sehen, deutet auf einen einfältigen Feind hin.
Wenn man im Traum auf einem Bären sitzt, ist das ein Zeichen für den Sieg über den Feind.

### Bart
Sofern man im Traum seinen Bart sieht, wird man Kraft und Charisma erlangen, seinen Wunsch erreichen und gegen seine Feinde siegen.

### Basar
Falls man im Traum einen Basar sieht, wird man innerhalb des Volkes glücklich sein, sein weltliches Wirken wird stabil und auch das Jenseits wird erfreulich sein.

### Basilikum
Wenn man im Traum Basilikum sieht, ist das ein Zeichen für Freude und Erleichterung, die man mit etwas Geduld erreicht.
Falls man sich im Traum zwischen Basilikumpflanzen sieht, deutet das auf baldigen Wohlstand hin.
Sofern man von jemandem Basilikum erhält und daran riecht, wird man von dem Gebenden Gutes erhalten.
Wenn man jemandem Basilikum gibt, wird man dieser Person Gutes entgegenbringen.
Falls man im Traum an Basilikum riecht, ist das ein Zeichen für einen angenehmen Zustand und Freude.
Sofern man Basilikum pflanzt, wird eine angefangene Arbeit erfolgreich verlaufen.

### Bauer
Wenn man im Traum einen Bauer sieht, erreicht man hohe Persönlichkeiten, Glückseligkeit und ein langes Leben.
Falls man träumt, ein Bauer zu sein und man das Feld bestellt, arbeitet man für sich und seine Nächsten. Dieser Traum bedeutet Gläubigkeit, guten Besitz und Gewinn.

### Baum
Wenn man im Traum große Bäume sieht, befreit man sich von Bedrückung und Kummer. Falls man einen Obstbaum sieht, erlangt man ein angenehmes Leben und verbringt sein Leben mit guten Freunden.
Sofern man im Schatten eines Baumes sitzt, wird eine große Persönlichkeit zu einer Stütze.

Falls man im Traum einen Baum sieht, ganz gleich, welcher Baum dieser ist, wenn man davon ein Stück einsammelt oder Gefallen an dem Baum findet und im Schatten des Baumes sitzt, lebt man sein Leben komfortabel. Das Leben wird voller Freude und man wird wohlhabend.

Sofern vom Baum Obst herunterfällt oder man von dem Obst isst, erhält man Besitztümer, befreit sich von Kummer und man wird erfüllt von Freude.

Die Äste eines Baumes deuten auf den Nachwuchs und die Verwandten hin und die Blätter kann man mit Geld deuten.

Falls man im Traum viele Obstbäume sieht, erhält man Besitz.

Wenn man von dem Baum Blätter pflückt und diese sammelt, ist das ein Zeichen für Besitz und Wohlstand.

Sofern man im Traum einen Baum pflanzt, wird man ein Würdeträger und ein Freund von einer großen Persönlichkeit.

Wenn die Äste des Baumes sich vermehren, wird die Familie und die Verwandtschaft wachsen.

Becher
(Siehe Glas)

Beerdigung
Wenn eine Person im Traum sieht, wie sie beerdigt wird, deutet das darauf hin, dass sie über den Feind siegen wird.

Falls man eine andere Person im Traum sieht, die beerdigt wird, ist das ein Zeichen für eine Reise in die Ferne.

Bein
Sofern man im Traum ein Bein oder Beine sieht, bedeutet das Besitz, Geld, Ausbildung und Stärke.

Falls die Beine kräftig sind, deutet das auf Erfolg hin und bei schwachen Beinen ist das ein Zeichen für Zweifel.

Ein männliches Bein ist ein Zeichen für eine Frau und ein weibliches Bein ist ein Zeichen für einen Mann.

Bekleidung
(Siehe Kleidung)

Berg
Wenn man sich im Traum auf einem Berg sieht, erreicht man sein Ziel.
Sofern man vom Berg herabsteigt, erreicht man sein Ziel schwer.
Falls man von einem Berg träumt, deutet das auf eine große Persönlichkeit, einen Politiker, ein Kind oder einen Händler hin.
Sofern man sich auf einem Berg befindet und meint, der Berg gehöre einem, erreicht man eine große Persönlichkeit.
Wenn man träumt, einen Berg zu besteigen, wird man von einer großen Persönlichkeit der Nächste und man erlangt einen hohen Rang.
Sollte man einen Berg erklimmen, erreicht man seine Ziele und man siegt.

Beten
(Siehe Gebet)

Bett
Wenn man sich im Traum in einem unbekannten Ort auf einem Bett befindet und man hat Fähigkeiten, wird man ein hohes Amt erreichen.
Hat man die Fähigkeiten nicht, erreicht man Besitz.
Im Traum ein Bett zu sehen, wird mit Führungseigenschaften und einem angenehmen Leben gedeutet.
Sofern man im Traum ein Bett sieht, ist das ein Zeichen für führende Tätigkeiten, Komfort, Rang, Reichtum und Lebensunterhalt.

Bettler
Sofern man im Traum einen Bettler sieht, ist das ein Zeichen für einen lernenden Schüler und Wissenserwerb. Falls der Bettler demütig und friedlich ist, deutet das auf eine Befreiung und einen Sieg hin.

## Beziehung

Falls man im Traum mit dem anderen Geschlecht eine Beziehung eingeht, wird man glücklich.

Auch wenn man mit einem bekenntnislosen Partner eine Beziehung anfängt, erreicht man seine Wünsche und wird glücklich.

Sofern man mit einer Person eine Beziehung eingehen will und man scheitert, erreicht man sein Ziel nicht ohne weiteres.

## Biene

Falls man im Traum eine Honigbiene sieht, deutet das auf einen Mann, der viel lacht, frohgemut und fleißig ist und gut verdient, hin.

Eine Honigbiene ist ein Zeichen für einen guten Lebensunterhalt oder einem Mann, der gütig und nutzbringend ist.

Wenn man im Traum viele Honigbienen sieht, erreicht man Besitz und Wohlstand.

Im Traum eine Wespe zu sehen, deutet auf eine starke Person hin.

## Birne

Wenn man in ihrer Saison eine grüne oder rote süßliche Birne im Traum isst, erhält man Besitz.

Sollte die Farbe der Birne gelb sein, deutet das auf Krankheit hin.

Im Traum eine Birne zu sehen deutet auf Besitz, Vermögen und das Erreichen der Ziele hin.

Für eine Frau deutet der Traum von einer Birne auf eine Schwangerschaft hin.

Falls man im Traum einen Birnenbaum sieht, ist das ein Zeichen dafür, Besitz und Geld zu erlangen und den Menschen Gutes entgegenzubringen.

## Bismillahirrahmanirrahim (islamischer Ausspruch vor jeder Handlung)

Wenn man im Traum sieht, wie Bismillah (arabisch für „im Namen Allahs") ausgesprochen wird oder man selbst das ausspricht, ist das ein Zeichen für Besitz, viel Wohlstand und die Erfüllung der Gebete.

Falls man mehrmals Bismillah ausspricht, wird man weltlich und im Jenseits zu den Gelobten gehören.

Falls man sieht, wie Bismillah geschrieben wird, wird man den Menschen im Glauben dienen.

## Blume
Falls man im Traum Blumen sieht, ist das ein Zeichen für Gutes und Köstliches.
Sofern man auf dem Haupt einen Blumenkranz trägt, bedeutet das Heirat und Gutes. Blumen in verschiedenen Farben sind ein Zeichen für die Welt und weltliche Gegenstände, neue und schöne Dinge.
Falls eine Frau Blumen sieht, deutet das auf eine Schwangerschaft hin.
Wenn eine traurige Person Blumen sieht, deutet das auf die Befreiung von Kummer und Leid hin.

## Blumenhändler
Wenn man im Traum von einem Blumenhändler träumt, dann deutet das auf eine Person hin, die viel durchgemacht und mitgemacht hat und die durchhält und weitermacht. Falls der Träumende eine gläubige Person ist, wird man seine Worte anhören und beherzigen.

## Blumenkohl
Sofern man im Traum Blumenkohl sieht, ist das ein Zeichen für einen wertvollen und in einer ländlichen Region lebenden Mann.
Falls man im Traum in Besitz eines frischen Blumenkohls ist, wird man seine Wünsche anstreben und ohne Schwierigkeiten erlangen.

## Boden
Sofern man im Traum in den Boden gräbt, wird man mit Mühe Besitz erlangen und dann glücklich werden.
Falls man davon träumt, dass sich im Boden eine Grube oder Vertiefung befindet, wird man Mühe und Arbeit aufwenden, um voranzukommen.
Wenn man im Traum weite Böden und so weit die Sicht reicht Orte sieht, wird man im Leben mit seinem Reichtum berühmt.

Bogen mit Pfeil
(Siehe Pfeil und Bogen)

Bohnen
Wenn man im Traum Bohnen sieht, dann wird das mit Glück gedeutet.
Falls man Bohnen isst, wird man eine erfreuliche Nachricht erhalten.
Sofern man frische, grüne Bohnen isst, erhält man viel Geld oder ein wertvolles Geschenk.
Wenn man im Traum aus einem Garten frische Bohnen pflückt, wird man Glück haben.

Bräutigam
Wenn man keinen Schwiegersohn hat und von einem Bräutigam träumt, wird man über seinen Feind siegen und sich von Ängsten befreien.

Brief
Sofern man im Traum einen Brief erhält und man kennt den Sender, wird der Träumende von dem Sender Gutes erfahren.
Falls man den Sender nicht kennt, erlangt man von ungeahnter Stelle Gutes.
Wenn der Träumende einer Person einen Brief sendet, wird der Träumende von dem Briefempfänger Geheimnisse erfahren.

Brombeere
Wenn man im Traum Brombeeren sieht oder isst, hat das keine materielle Bedeutung, doch es ist ein Zeichen für ein Ereignis, das viel Freude verursachen wird.

Brot
Falls man im Traum Brot sieht oder wenn man Brot erhält oder Brot isst, bekommt man mit Leichtigkeit eine größere Menge Geld oder Besitz.
Sollte man Brot backen, findet man Glückseligkeit. Man erreicht einen hohen Rang und Komfort.
Sollte man von Gerstenbrot träumen, erlebt man viel Gutes, man vermeidet Sünden und vollbringt fromme Taten.

Sofern man einen Teig knetet, verdient man mit Mühe Besitz und lebt dann ein angenehmes Leben.

Wenn man von Brot träumt, enden Kummer und Leid.

Warmes Brot zu essen bedeutet einen guten Lebensunterhalt, schönes und weißes Brot bedeutet die Güte von großen Persönlichkeiten, Gerstenbrot bedeutet Genügsamkeit und dünnes Brot wie Fladenbrot bedeutet Komfort im Leben.

Falls man von vielen Broten träumt, bedeutet das viel Besitz, die Vermehrung von Verwandten und Freunden und ein langes Leben.

Brücke

Wenn man im Traum eine Brücke baut, ist man den Mitmenschen eine Hilfe.

Falls man im Traum eine Brücke überquert, befreit man sich von Unfällen und schlimmen Ereignissen.

Von einer Brücke zu träumen bedeutet Weltliches.

Eine Brücke im Traum ist ein wahrhafter Weg.

Eine Brücke bedeutet ebenfalls Wissenserwerb, Erleuchtung, Gebet, Fasten und die Erlösung von Unfällen und schlimmen Ereignissen.

Bruder

Sofern man im Traum einen Bruder sieht, ist das ein Zeichen, dass innerhalb der Familie eine starke Bindung besteht. Manchmal bedeutet ein solcher Traum auch, dass ein Erbe aufgeteilt wird.

Brunnen

Wenn man sich im Traum in einen Brunnen fallen sieht, wird man Unruhe im Umfeld stiften. Der Träumende sollte Reue zeigen und spenden.

Falls man davon träumt, einen Brunnen zu graben, wird der Träumende eine gutmütige Person heiraten, wenn vom Brunnen Wasser entspringt.

Der Träumende kann eine Person mit schlechtem Charakter heiraten, falls aus dem Brunnen kein Wasser entspringt.

Sofern man im Traum aus dem Brunnen Wasser zieht, wird man mit Mühe zu Besitz gelangen, aber ein angenehmes Leben führen.

Brust
Im Traum eine Brust zu sehen bedeutet Glaube, Wissen und Weisheit.
Wer seine Brust weit sieht, hat viel Glauben.
Von einer Brust zu träumen bedeutet Großzügigkeit, Geiz, Wissen und Weisheit.
Falls man träumt, dass die Brust wächst, wird das Wissen und die Weisheit zunehmen und man wird viel Besitz und Lebensunterhalt erlangen.
Wenn die Brust kleiner wird, bedeutet das das Gegenteil.

Buch
Wenn man im Traum ein Buch sieht, erhält man von ungeahnter Stelle Geld.
Eine verliebte Person gelangt zum Geliebten.

Buch der Taten
Wenn man im Traum das Buch der Taten überreicht bekommt und das Buch in die rechte Hand gegeben wird, wird man eine gute Tat vollbringen.
Falls das Buch der Taten in die linke Hand gegeben wird, hat man Sünde begangen, man sollte Reue zeigen und Bedürftigen Geld spenden.

Burg
Falls man im Traum eine Burg oder einen Turm sieht oder hineingeht, wird man gegen seinen Feind einen Sieg erringen. Man ist vor Feinden sicher.
Wenn man im Traum eine Festung oder einen Turm sieht, ist das ein Zeichen für Aufrichtigkeit und Wahrhaftigkeit.
Dieser Traum bedeutet die Befreiung von Kummer und Leid und das Erreichen von Erleichterung.
Wer in eine Burg oder einen Turm geht, übt seinen Glauben aus.

Butter
Falls man im Traum Butter sieht, wird man wohlhabend und man erlangt ein langes Leben. Im Diesseits und Jenseits erhält man Gutes.

## C

### Cevshen
Wenn man im Traum das Gebet Cevshen sieht, wird man bei den Mitmenschen angesehen und man siegt über die Feinde.

### Christ
Sofern man im Traum einen Christen sieht, deutet das auf Hilfe und Sieg hin.

## D

### Dach
Falls man sich im Traum auf einem hohen Dach befindet, erlangt man einen hohen Rang und erreicht seine Ziele.
Wenn man mit Mühe auf das Dach kommt, erreicht man seine Ziele mit Mühe.

### Dattel
Wenn man im Traum frische Datteln sieht, ist das ein Zeichen für Besitz, den man mit Mühe erlangt.
Zudem bedeuten Datteln einen frommen Glauben und ein geregeltes Leben.
Sofern man Datteln außerhalb der Erntezeit sieht, bedeutet das Genesung.
Auch werden Datteln als Erleichterung und Freude gedeutet.

### Davud (a. s.) (islamisch für David)
Sofern man im Traum den Propheten Davud (a. s.) sieht, erreicht man Kraft, Besitz und Herrschaft. Man siegt gegen seine Feinde und man erlangt bei den Mitmenschen Ansehen.
Sollte man von Davud (a. s.) träumen, erreicht man in der eigenen Familie Ansehen und erhält Besitz.

### Dieb

Falls man im Traum einen Dieb sieht, wird das mit Krankheit gedeutet. Wenn eine kranke Person im Traum einen Dieb fängt oder tötet, wird man gesund.

Sofern die träumende Person eine Tochter hat und im Traum einen Dieb im Haus sieht, kann das eine baldige Hochzeit bedeuten.

Doktor
(Siehe Arzt)

Dorf
Sofern man im Traum ein Dorf sieht, deutet das auf Glauben und gute Taten hin.
Falls man im Traum ein Dorf betritt, wird man für eine große Persönlichkeit tätig und eine schöne Tat vollbringen.

Duft
Wenn man sich im Traum mit schönen Düften versieht, wird man unter den Mitmenschen geschätzt. Eine verliebte Person erreicht den Geliebten.

Dunkelheit
Sofern man im Traum von der Dunkelheit zum Licht gelangt, wird man nach der Sünde gute Taten sowie nach einer Gefangenschaft die Freiheit erreichen.

Dunst
(Siehe Nebel)

E

Ebu Bekir (r. a.)
Falls man vom Kalifen Ebu Bekir (r. a.) träumt, ist man ein Weggefährte von Personen, deren Worte und Taten eine Einheit sind. Man erlangt Besitz und Wohlstand.

Ei

Wenn man im Traum eine Henne ein Ei legen sieht, wird man ein Kind bekommen. Frisch zubereitete Eier sind ein Zeichen für einfach erlangten Lebensunterhalt.

Eifersucht
Wenn man im Traum eifersüchtig ist, deutet das auf Ehrgeiz und weltliche Mühe hin.

Eisen
Sofern man im Traum von Eisen träumt und es in der Hand hält, ist das ein Zeichen für Besitz und Stärke. Falls man Eisen nimmt, dann wird man sich von Schwäche befreien und Stärke erreichen.
Wenn man träumt, dass man Eisen isst, wird man bei jeder Tätigkeit und an jedem Ort siegen.
Sofern man im Traum Eisen schmilzt, dann bedeutet das, dass man eine Tat vollbringen wird, auf die man stolz sein kann.

Elefant
Wenn man im Traum einen Elefanten sieht oder auf einem Elefanten reitet, erreicht man seine Ziele und erlangt viel Zuwendung und Wohlwollen von einer großen Persönlichkeit. Man erlangt Geld und Besitz.

Engel
Falls man im Traum einen Engel sieht, wird man von ungeahnter Stelle Wohlstand erreichen, Besitz erlangen und man wird glücklich. Der Träumende erlangt einen schönen Charakter und wird gesund.
Sofern man im Traum Engel sieht und mit ihnen spricht, wird man viele Töchter und Söhne haben und alles erreichen, was man sich vorgenommen hat.
Einen Engel im Traum zu sehen, wird in jeder Hinsicht positiv gedeutet.
Wenn im Traum ein Engel einen bestimmten Ort aufsucht, wird an jenem Ort viel Gutes erfolgen und Leid und Kummer nimmt dort ein Ende.
Falls man sich im Traum mit Engeln fliegen sieht, wird man im Erdenleben und im Jenseits glücklich.
Sofern man sich selbst als Engel sieht, ist das ein Zeichen für Größe und Sieg.

Wenn man einen Engel im Traum in Menschengestalt und gut gekleidet sieht, ist das ein Zeichen für Freude und Gutes.

Ente
Wenn man im Traum eine Ente sieht, bedeutet das Besitz und Lebensunterhalt.
Von einer Ente zu träumen deutet auf eine reiche Person hin.
Eine weiße Ente zu sehen bedeutet Besitz und ist ein Zeichen für einen reichen Partner.

Erbsen
Falls man im Traum Erbsen sieht, wird man eine wertvolle Person kennenlernen.

Erdbeere
Im Traum Erdbeeren zu sehen bedeutet, Gäste zu bekommen oder einer Tätigkeit mit Gewinn nachzugehen.

Erdnuss
Falls man im Traum einen Erdnusskern sieht, bedeutet das Besitz.
Wenn man Erdnusskerne nimmt oder erhält und diese isst, bedeutet das so viel Geld und Besitz, wie man davon isst.
Sofern man eine Erdnuss findet oder erhält, wird man von einer geizigen Person Gutes erhalten.
Im Traum Erdnüsse zu sehen, bedeutet Besitz, den man zufrieden nutzt oder ausgibt.
Eine Erdnuss aufzubrechen deutet auf Geldverdienen hin und ein solcher Traum ist in jeder Hinsicht gut.

Erholung
(Siehe Ausruhen)

Erde (Welt)
Sollte man im Traum die Welt strahlend schön sehen, ist der Glaube stabil, aufrichtig und rein. Man erreicht mit Leichtigkeit seine Ziele.

### Erde

Wenn man im Traum Erde vom Erdboden isst, erlangt man Reichtum und Glückseligkeit und man bekommt Besitz.

Falls man im Traum Erde von draußen in das Haus bringt, verliert man Besitz und erleidet Kummer.

Im Traum Erde aus dem Erdboden zu sehen wird mit Besitz gedeutet.

Wenn man im Haus Erde sieht, verdient man mit wenig Mühe Geld.

Falls man Erde isst oder an einem Platz versteckt, verdient man Geld.

### Esel

Sofern man im Traum einen Esel sieht oder auf einem reitet, erlangt man eine glückliche Fügung.

### Essen

(Siehe Speise)

### Eyyup (a. s.) (islamisch für Hiob)

Wenn man im Traum den Propheten Eyyup (a. s.) sieht, erleidet man viele Krankheiten und verliert sein Besitz. Letztlich wird man seinen Besitz erneut erlangen und das restliche Leben verläuft gut.

Falls man vom Propheten Eyyup (a. s.) träumt, erleidet man Armut, später bessern sich die Umstände und man erlangt ein noch besseres Leben.

### Ezan

Falls man im Traum den islamischen Gebetsruf hört, ist das ein Zeichen, dass er zum Hadsch, also zur islamischen Pilgerfahrt reisen wird. Manchmal bedeutet Ezan zu hören auch, dass man einen höheren Rang erreichen oder heiraten wird.

## F

### Fahrzeug

(Siehe Auto)

Fallen
Sofern man im Traum von einer größeren Höhe herunterfällt, deutet das auf Geiz hin.
Falls man im Traum auf eine Wiese oder ähnliches fällt, dann ist das ein gutes Zeichen.

Familie
Wenn man im Traum von der Familie träumt, erreicht man Wohlstand.

Fasten
Wenn man im Traum fastet, befolgt man die Gebote Allahs (c. c.), man erlangt ein angenehmes Leben und erreicht seine Ziele.
Falls man die Fastenzeit beendet und etwas isst, wird man etwas vollbringen, was vor Allah (c. c.) angenommen wird und man erhält Lebensunterhalt und Besitz.

Fatiha Sure
Falls man im Traum die Koransuren von Fatiha liest, so hat diese 7 Verse und wird auf 7 Weisen gedeutet. Erstens: Man wird auf Erden vor Unfällen und schlimmen Ereignissen bewahrt. Zweitens: Man wird vor einem plötzlichen Tod (wie Herzinfarkt) bewahrt. Drittens: Man bekommt viel Nachwuchs und Besitz. Viertens: Man erreicht seine Ziele. Fünftens: Man wird bei den Menschen angesehen und alle angefangenen Vorhaben erscheinen leicht. Sechstens: Man erlangt einen hohen Rang. Siebtens: Man erlangt ein langes Leben und die Glückseligkeit wird von Dauer.

Fatima (r. a.) (eine Tochter des Propheten Mohammed)
Wenn man von Fatima (r. a.) träumt, deutet das auf Erfolg bei allen Unternehmungen hin.
Falls man Fatima (r. a.) fröhlich und glücklich sieht, bedeutet das Erleichterung, Freude und Glückseligkeit.
Sofern Fatima (r. a.) betrauert erscheint, bedeutet das Kummer und Leid.

Feige

Sofern man im Traum eine Feige isst, bedeutet das viel Nachwuchs oder guten Lebensunterhalt.

Falls man von der Feige ein kleines Stück isst, deutet das auf Lebensunterhalt hin, der ohne Kummer erreicht wird.

Feind

Falls man im Traum einen Feind sieht, wird man über diesen Feind siegen.

Wenn eine Stadt von Feinden belagert wird, deutet das auf Regen oder eine Flut hin.

Felak Sure

Sofern man im Traum die Koransure Felak liest, ist man vor dem Teufel und vor einem Täuscher sicher. Man erlangt Allahs Gnade.

Festung

(Siehe Burg)

Feuer

Wenn man im Traum helles Feuer sieht, öffnen sich versperrte Wege und man erreicht seine Ziele. Falls man im Traum ein Feuer anzündet und Essen zubereitet, erreicht man Lebensunterhalt und Komfort.

Feuerzeug

Falls man im Traum ein Feuerzeug anzündet, erhält man Gutes von einer großen Persönlichkeit.

Wenn man das Feuerzeug zündet und es nicht brennt, beantragt man Besitz oder Geld, doch man erhält diese nicht.

Finden

Sofern man im Traum etwas findet, wird man etwas erreichen, das man nicht erwartet hat. Falls der Träumende Gold oder Silber findet, wird er weltliche Güter erlangen.

Wenn man etwas findet, das man nicht als etwas Gutes bewerten kann, ist das kein guter Traum.

Falls man etwas zum Essen findet, wird man seinen Lebensunterhalt ordentlich erhalten.

Fisch

Wenn man im Traum einen Fisch sieht, findet man Glückseligkeit, Ansehen und von unerwarteter Stelle Besitztümer.

Falls man im Traum einen Fischernetz ins Meer auswirft, ist man voller Glauben und der Glaube ist stabil. Man erhält dann grenzenlose Besitztümer.

Sofern man von großen Fischen träumt, deutet das auf Besitztümer hin.

Lauter kleine Fische sind ein Zeichen für Kummer.

Große und kleine Fische bedeuten Besitztümer und Geld.

Falls man träumt, dass man angelt und den Fisch isst, erreicht man Besitztümer, wird glücklich und wird angenehme Dinge hören.

Wenn man mit einem Meeresfisch spricht, wird man die Geheimnisse der Regierung erfahren.

Von Fischen zu träumen bedeutet Regierungsoberhäupter, Soldaten, eine ledige Frau, Besitz und Kummer.

Fleisch

Falls man im Traum zubereiteten Fleisch sieht, so ist das ein Zeichen für Besitz. Dabei wird Fleisch im Traum mit Besitz, Erbe und Trauer gedeutet.

Fliege

Sofern man im Traum eine Fliege sieht, deutet das auf einen schwachen, aber störenden Feind hin.

Manchmal bedeutet eine Fliege im Traum auch eine schwächliche, trotzige und dickköpfige Person.

### Fliegen

Falls man im Traum fliegt, wird man sich auf eine Reise begeben, man erlangt Besitz und wird glücklich.

Sofern man im Traum fliegt und auf einem Baum landet, wird man einen anderen Ort aufsuchen und dort von führenden Persönlichkeiten profitieren.

Wenn man von oben nach unten fliegt, lässt man sich scheiden und falls man ledig ist, heiratet man.

Falls man im Traum fliegt, den Himmel erreicht und sich dort hinsetzt, wird man einen hohen Rang erreichen.

Sofern man wie ein Vogel fliegt, erreicht man sein Ziel.

### Flöte

Wenn man im Traum eine Flöte spielt, kann das mit einer erfreulichen Nachricht gedeutet werden.

Sofern im Traum eine große Persönlichkeit dem Träumenden eine Flöte oder ein ähnliches Musikinstrument überreicht, kann man einen hohen Rang erreichen.

### Flügel

Wenn man im Traum Flügel sieht, wird das mit einem Sohn gedeutet.

Sofern man im Traum Flügel besitzt und damit fliegt, deutet das auf eine angenehme Reise hin. Falls man Flügel hat und nicht fliegen kann, so bedeutet das dennoch Gutes.

### Flugzeug (oder Heißluftballon)

Falls man im Traum einen Heißluftballon oder ein Flugzeug langsam in die Luft aufsteigen sieht, wird man Schritt für Schritt höhere Ämter erreichen.

Wenn im Traum der Heißluftballon oder Flugzeug geradeaus fliegt, ist man bei Regierungsämtern auf dem richtigen Weg. Manchmal bedeutet dieser Traum auch, dass man bei seiner Arbeit erfolgreich und beständig ist.

Sofern man im Traum einen Heißluftballon oder ein Flugzeug baut oder kauft, wird man bei seiner Arbeit, vor allem bei Regierungsämtern, erfolgreich.

Falls man einen Heißluftballon oder Flugzeug verkauft, wird man diesen Erfolg eigenhändig verlieren.

Wenn man in einen Heißluftballon oder ein Flugzeug einsteigt, begibt man sich in Gefahr und wenn man diese verlässt, befreit man sich von der Gefahr.
Sofern man im Flugzeug akrobatisch fliegt, ist man gegenüber Gefahr mutig.

Fluss
Wenn man im Traum einen Fluss sieht, der reines Wasser aufweist, erlangt man eine Ordnung nach eigenem Wunsch.
Sollte das Wasser des Flusses trüb sein, erhält man schlechten Besitz.
Falls man vom Fluss Wasser trinkt, erhält man Besitz.

Flut
Sofern im Traum auf der Welt eine Flut entsteht und das Wasser klar ist, wird es eine reichliche Ernte geben und dem Volk wird es gut ergehen.

Frau
Falls man im Traum eine schöne Frau sieht, wird das kommende Jahr angenehm verlaufen.
Wenn eine schöne Frau im Traum das Zuhause betritt, deutet das auf Freude und Erleichterung hin.
Sofern im Traum sich einem schöne Frau an den Träumenden wendet, ist das ein Zeichen für Rang und Glück.
Wenn im Traum sich die Frauen an den Träumenden wenden, wird die Welt mit seinen Schätzen die Tore öffnen.

Freude
Sofern man sich im Traum freut, deutet das auch im Wachzustand auf Freude hin und man befreit sich von Kummer.

Freundschaft
Wenn man im Traum sieht, dass man eine Freundschaft mit jemanden hat, dann ist das ein Zeichen, dass man Ansehen genießt und Würde erlangt.

## Friseur

Falls man im Traum einen Friseur oder eine Friseuse sieht, dann weist das auf eine Person hin, der auf Ebene hochrangiger Personen arbeitet.

## Frosch

Wenn man im Traum einen Frosch sieht, deutet das auf eine Person hin, die gottgefällig leben will und sich darum bemüht.

Falls man träumt, dass man sich unter mehreren Fröschen befindet, wird man mit seinen Nächsten und Nachbarn gute Gespräche führen.

Falls der Träumende sein Geld durch eine Tätigkeit verdient, die mit Wasser zu tun hat, ist ein Frosch im Traum ein gutes Zeichen.

## Frühling

Falls man im Traum den Frühling sieht, deutet das auf Erleichterung hin.

Den Frühling im Traum zu sehen, wird mit der Jugend gedeutet.

Wenn man sich im Traum in Frühling befindet, alle Bäume Blüten tragen und Blumen erstrahlen, wird man ein Kind bekommen. Falls man ledig ist, wird man heiraten.

Manchmal bedeutet der Frühling auch ein langes Leben.

## Fuß

Wenn man im Traum seine Füße sauber sieht, tut man viel Gutes.

Sollten die Füße an Größe zunehmen und man befindet sich an einem anderen Ort, kehrt man sicher in die Heimat zurück.

Sollte man bereits in der Heimat sein, erlangt man viele Freunde und Weggefährten und man wird glücklich.

Im Traum Füße zu sehen kann man mit den Eltern, Besitz, Vermögen und einer Reise deuten. Auch sind Füße ein Zeichen für Arbeit, Besitz und Stärke.

Falls im Traum die Füße wachsen, kann man das mit der Zunahme von Kraft und Entschlossenheit deuten.

Sollten die Füße kleiner werden, bedeutet dies das Gegenteil.

## G

Gähnen
Falls man im Traum gähnt, deutet das auf einen Sieg über den Feind hin und eine gute Tat. Manchmal wird Gähnen auch mit Sünde gedeutet.

Garten
Wenn man im Traum in einen Garten geht, wird man zum Glauben finden.
Falls man einen Garten betrachtet, wird man Bücher betrachten.
Sofern man einen Garten betritt, wird man den Weg des Glaubens beschreiten.
Wer einen Garten verlässt, verlässt den rechten Weg.
Falls man von Garten etwas isst, erreicht man Wissen und Frömmigkeit.
Wenn man einen Garten sieht und die Pflanzen und Bäume darin nicht kennt, ist das ein Zeichen für Glauben.
Falls man in seinem eigenen Garten ist, deutet das auf den Glauben hin.
Sofern man sich im Garten einer anderen Person aufhält, wird man mit frommen Personen Freundschaften schließen.

Gebet
Wenn man im Traum seine Hände erhebt und betet, werden Wünsche erreicht und man befreit sich von Zweifeln. Was man sich auch wünscht, erscheint leicht erreichbar und endet gut.
Falls man träumt, dass man zum Schöpfer betet, erreicht man Gutes und man erzielt zufriedenstellende Resultate.
Sofern man für eine fromme Person betet, eröffnet sich für das Diesseits und das Jenseits Gutes.
Wenn man für das ganze Volk betet, will man für diese Gutes.
Insbesondere, wenn man allein für sich betet, wird man ein Kind bekommen.
Wenn man betet und falls jemand für den Träumenden betet, erlangt man Gutes und eine glückliche Fügung.

Gebetsruf
(Siehe Ezan)

## Gebetsrufer
(Siehe Muezzin)

## Gebetsteppich
Falls man sich im Traum auf einem Gebetsteppich sitzen sieht, erlangt man einen hohen Rang und erreicht seine Ziele.

## Gebetswaschung
(Siehe Abdest)

## Geburt
Wenn eine Frau im Traum einen Sohn auf die Welt bringt, ist das ein Zeichen für Freude und die Befreiung von Leid.
Falls man im Traum ein Kind auf die Welt bringt, bedeutet das Reichtum.
Sofern eine Frau im Traum ein Mädchen auf die Welt bringt, deutet das auf Würde, Wohlstand und Freude hin.

## Gefängnis
Wer sich im Traum im Gefängnis sieht, wird eine Sünde begangen haben. Man sollte Reue zeigen und Spenden, um sich von dieser Last zu befreien.

## Gehirn
Sofern man im Traum ein Gehirn sieht, so wird das auf drei Weisen gedeutet: Verborgener Besitz, einen starken und scharfen Verstand und eine angenommene gute Tat.

## Gelehrter
Im Traum einen Gelehrten zu sehen, ist ein Zeichen für einen hohen Rang und Ansehen bei den Menschen.

Wenn man im Traum die Hand eines Gelehrten küsst, wird man von seinem Wissen profitieren.

Falls der Gelehrte etwas überreicht, erreicht man auf Erden und im Jenseits Rang.

Sofern man sich als Gelehrten sieht und man viel Ehrerbietung vom Volk erfährt, wird man in seinem Land viel Gutes erreichen.

Falls der Gelehrte damit beschäftigt ist, zu unterrichten, ist das ein Zeichen, dass Wissen und Glaube zunehmen wird.

Wenn man von einem Gelehrten unterrichtet wird, wird man von dem Wissen der Gelehrten profitieren.

Sofern ein Gelehrter den Träumenden küsst, wird man Ansehen erreichen und einen hohen Rang erreichen.

Gemüsegarten

Falls man im Traum einen Gemüsegarten sieht, erreicht man Reichtum und Glück.

Gerste

Sofern man Gerste im Traum sieht, deutet das auf Besitz hin.

Sollte die Gerste weiß sein, kann man das mit Silber deuten.

Wenn man trockene oder gekochte Gerste isst, erreicht man Gutes. Ein solcher Traum ist in jeder Hinsicht positiv.

Wenn dem Träumenden im Traum Gerste geschenkt oder gegeben wird, erreicht er Kraft und Gesundheit.

Geschenk

Sofern man im Traum Geschenke sieht, erlangt man Erleichterung.

Ein Geschenk ist ein Zeichen für Zuneigung und Freundschaft.

Geschlechtsverkehr

Wenn man im Traum mit einem Partner Geschlechtsverkehr hat und der Partner klug und lieblich ist, ist das ein gutes Zeichen.

Sollte der Partner einfältig und schmutzig sein, wird das nicht gut gedeutet.

Sofern man von Geschlechtsverkehr träumt, erreicht man seine Ziele.

Wenn man von normalem Geschlechtsverkehr mit dem eigenen Partner träumt, wird man dem Partner Gutes entgegenbringen.

Glas (Becher)
Sofern man im Traum von einem Becher oder einem Glas träumt, kann das mit Liebe und Geselligkeit gedeutet werden. Sollte der Träumende aus einem Becher aus Glas trinken, so wird dieser von Freunden sympathisch und gesellig aufgenommen.
Manchmal weist ein Traum von einem Becher auch auf viel Geld hin, dass man erlangt. Wer im Traum jemanden sieht, der Becher verkauft, ist das ein Zeichen für Nachkommen und deutet darauf hin, dass man seine Kinder lieben und Wissen erwerben wird.

Glas (Material)
Falls man im Traum viel oder wenig Glas sieht, deutet das auf eine vorübergehende Trauer hin, denn Glas ist ein leicht zerbrechliches Material.
Auch ist der Traum von Glas ein Zeichen, dass etwas, das geheim ist, offenkundig wird.

Gold
Falls man im Traum viele Goldmünzen sieht, erreicht man Glück und Reichtum und man erhält Gaben von einer großen Persönlichkeit.
Sofern man von Gold träumt, werden das Ansehen und die Kraft zunehmen und man erlangt Besitz.

Gott
(Siehe Allah)

### Großmutter
Wer im Traum seine Großmutter sieht, der wird große Freude erreichen.

### Großvater
Sofern man im Traum seinen Großvater sieht, bedeutet das manchmal, dass man einen Ratschlag von diesem nicht befolgt hat. Mitunter ist der Traum vom Großvater auch ein Zeichen, dass gute Zeiten warten und dass man ein langes Leben haben wird. Auch erwartet den Träumenden große Freude.

### Gurke
Wenn man im Traum Gurken zur Erntezeit sieht, wird man eine gute Nachricht erhalten und eine Frau wird sich einem zuwenden.
Ein Traum mit Gurken ist ein gutes Zeichen und deutet auf einen guten Verdienst hin.

### Gusül Abdest (islamische rituelle Waschung)
Falls man im Traum Abdest oder Gusül Abdest durchführt, befreit man sich von Schulden.
Wenn man Gusül Abdest durchführt und den gesamten Körper wäscht, wird man vor Unfällen und schlimmen Ereignissen geschützt und man erfreut sich der Gesundheit.
Sofern man nach der rituellen Waschung schöne Kleidung anzieht, erlangt man Ansehen.

## H

### Haare
Falls man im Traum Haare geschnitten sieht, wird man von einer großen Persönlichkeit viel Gutes erhalten und ein angenehmes Leben führen.
Sofern man im Traum seine Haare gegen andere Haare austauscht, befreit man sich von Kummer und wird glücklich.
Wenn man seine Haare lang sieht, ist das für führende Personen und Frauen etwas Gutes, für alle anderen Personen ist das ein Zeichen für Kummer.

## Hadsch
Wenn man im Traum den Hadsch nach Mekka und Medina durchführt und wieder zurückkehrt, erlangt man ein langes Leben und die Feinde erleiden Kummer.

## Hagel
(Siehe Schnee)

## Hahn
Falls man im Traum einen Hahn sieht, wird man von weisen Persönlichkeiten Wissen erlangen. Manchmal wird ein Hahn auch mit dem Mann des Hauses gedeutet.
Wenn man im Traum im Besitz eines Hahnes ist, wird man einen Sohn bekommen.

## Hals
Sofern im Traum der Hals im Vergleich zum Körper größer ist, ist das ein Zeichen, dass man seine Schulden gut begleicht.
Falls der Hals schmäler oder kleiner ist, deutet das darauf hin, dass man im Schulden begleichen nachlässig ist.
Falls der Hals zwischen den Schultern fast verschwindet, ist das ein Zeichen, dass ein Vorhaben nicht gut enden wird.

## Hand
Wenn man im Traum seine rechte Hand sieht, befreit man sich von Leid, man freut sich durch nahestehende Personen und wird glücklich.
Falls man die rechte Hand gewachsen sieht, erhält man von Verwandten viel Gutes.
Sofern die rechte Hand aus Gold oder Silber besteht, erlangt man viel Besitz und Geld.
Die linke Hand wird allgemein nicht sonderlich positiv gedeutet.
Wenn die Hände im Traum lang sind, ist das ein Zeichen für Kraft und Stärke.
Kurze Hände bedeuten Schwäche.

## Hase
Falls man im Traum einen Hasen sieht, deutet das auf eine Frau hin.
Sofern man einen Hasen einfängt, wird man heiraten.

Haselnuss
Wenn man im Traum eine Haselnuss sieht, bedeutet das Besitz.
Wenn man einen Haselnusskern isst und dieser gut schmeckt, findet man guten Besitz.
Sollte der Haselnusskern bitter und verfault schmecken, findet man schlechten Besitz.
Sollte man davon träumen, einen Haselnusskern zu essen, wird man von jemandem Besitz erhalten.
Sollte man von einer Haselnuss träumen, bedeutet das Reichtum, Großzügigkeit, Gewinn und zwischen den Menschen Frieden zu stiften.

Haus
Falls man im Traum ein Haus besitzt, wendet man sich von schlechten Angewohnheiten und Einstellungen ab und eignet sich gute und nützliche Angewohnheiten und Einstellungen an.
Sofern man träumt, ein Haus zu bauen, wird man glücklich und erlangt Größe.

Heer
Sofern man im Traum ein Heer sieht, ist das ein Zeichen für die Soldaten des Schöpfers, für Engel.
Wenn das Heer bewaffnet ist, deutet das auf einen Sieg hin.
Falls in eine Stadt ein Heer gelangt, bedeutet das Regen und die Ankunft guter Dinge.
Wenn man im Traum ein Soldat ist und von dem Anführer ein Geschenk erhält, deutet das auf einen hohen Rang hin.

Heiraten
Falls man im Traum heiratet, wendet sich einem weltliches zu, man erlangt Besitz, Rang und Glückseligkeit.
Sofern eine ledige Person im Traum heiratet, erhält diese entsprechend der Schönheit des Partners Gutes und Besitz.
Wenn man vom Heiraten träumt, ist das ein Zeichen für Wohlstand.

Heißluftballon
(Siehe Flugzeug)

Hemd
Wenn man im Traum ein Hemd anzieht, wird man eine hübsche und muntere Frau heiraten und sich von Kummer und Leid befreien. Innerhalb der Mitmenschen wird man angesehen sein.

Henna
Falls man im Traum Henna sieht, ist das ein Zeichen auf das Talent, das man bei einer Tätigkeit besitzt. Von Henna zu träumen deutet auch auf Geld und Wohlstand hin.

Herd
Sofern man im Traum einen Herd oder Ofen herstellt, erlangt man Glück.
Falls man im Traum im Ofen Speise zubereitet und davon isst, erhält man ein Amt und erlangt Besitz.

Herz
Im Traum ein Herz zu sehen, bedeutet Verstand, Intelligenz und Glaube.
Falls das Herz weich ist, ist man gütig, sofern das Herz glänzend und weiß ist, ist man eine gütige Person.

Himmel
Wenn man im Traum die Tore des Himmels für den Träumenden geöffnet sieht, wird sich weltliches öffnen. Man wird glücklich, man erlangt viel Besitz und man wird unabhängig.

Hirsch
Falls man im Traum einen Hirsch sieht, nutzt man das Vermögen des Partners.

Sollte man ein Reh sehen, wird man einen Sohn bekommen.

## Hirte
Falls man träumt, ein Hirte zu sein, deutet das auf Besitz und Lebensunterhalt hin. Man erreicht einen gebürtigen Rang.

## Hochzeit
Falls man im Traum eine Hochzeit hat, wird man glücklich und befreit sich von Kummer.
Sofern man träumt, eine schöne Hochzeit zu feiern, erreicht man Gutes, Wohlstand, Erleichterung und Freude.

## Honig
Sofern man im Traum Honig sieht, erlangt man von ungeahnter Stelle Besitz und Lebensunterhalt und man erlangt ein gemütliches Leben.
Falls man in einem Gefäß Honig entdeckt, erreicht man Besitz und befreit sich von Kummer und Armut.
Wenn man von Honig träumt, erhält man durch Erbschaft oder aus einer Teilhaberschaft Besitz.
Honig bedeutet für eine gläubige Person die Liebe zum Glauben neu zu entdecken und fromme Taten zu vollbringen.
Für weltliche Personen ist Honig ein Zeichen für einfach erreichbaren Besitz.
Honig deutet auch auf überschaubaren Besitz hin, der ohne viel Mühe erlangt wird.

## Honigbiene
Sofern man im Traum Honigbienen sieht, wird das mit einem fleißigen und gütigen Mann gedeutet. Außerdem deutet eine Honigbiete auf Wohlstand und Überfluss hin.
Falls der Träumende einen Honigbienenstock sieht und daraus Honig entnimmt, wird man guten Besitz erlangen.
Wenn auf dem Kopf des Träumenden Bienen landen, kann er einen hohen Rang erreichen.

Sollte ein Bauer von Honigbienen träumen, wird dieser Traum für ihn Gutes und Überfluss kann sich einstellen.
Zudem deutet der Traum von einer Honigbiene auf eine würdige, leistungsbewusste, kameradschaftliche und viele Vorteile erbringende Person hin.

Hud (a. s.) (islamisch für Eber bzw. Heber)
Wenn man im Traum den Propheten Hud (a. s.) sieht, erlangt man ein langes Leben, man wird vor vielen schlimmen Ereignissen beschützt und man erhält viel Nachwuchs.

Hügel
Falls man im Traum einen Hügel sieht oder dort hinaufsteigt, erlangt man Besitz, Reichtum und Stärke.

Huhn
Wenn man im Traum ein Huhn sieht, deutet das auf eine schöne Partnerin und eine treue Hilfskraft für das Zuhause hin.
Falls im Traum ein Huhn in der Wohnung ein Ei legt, wird man von einer schönen Frau Besitz erhalten.

Hund
Sofern man im Traum einen Hund sieht, deutet das auf einen Feind hin.
Wenn man dem Hund Futter gibt, wird man wohlhabend.

I

Ibrahim (a. s.) (islamisch für Abraham)
Falls man im Traum den Propheten Ibrahim (a. s.) sieht, wird Allah (c. c.) mit dem Träumenden zufrieden sein, man erlangt Besitz und die Zeit wird angenehm.

Idris (a. s.)

Wenn man im Traum den Propheten Idris (a. s.) sieht, wird man ein Gelehrter und ein frommer Mensch. Unter den Gleichaltrigen erlangt man Ansehen.

Ihlas Sure
Wenn man im Traum die Koransure Ihlas liest, erlangt man einen stabilen Glauben, Hindernisse auf dem Weg nehmen ab und man wird glücklich.

Imam
Falls man im Traum einen Vorbeter sieht oder mit diesem spricht, wird man wohlhabend, glücklich und angesehen.
Wenn man selbst ein Vorbeter ist, wird man glücklich und angesehen.

Isa (a. s.) (islamisch für Jesus)
Wenn man im Traum Isa (a. s.) sieht, wird man im weltlichen Leben glücklich. Man befreit sich von Kummer und Leid und man bekommt einen Sohn. Den Mitmenschen bringt man viel Gutes entgegen und man erlangt ein langes Leben.
Falls man von Isa (a. s.) träumt, beleben sich verloren geglaubte Vorhaben und man wird eine fromme Person. Man befreit sich von Ängsten und erlangt Wissen.

Ishak (a. s.)
Sofern man im Traum den Propheten Ishak (a. s.) sieht, erleidet man ein schlimmes Ereignis, doch man befreit sich schnell davon und wird glücklich.

Islamisches Gebet
(Siehe Namaz)

Ismail (a. s.) (islamisch für Ismael)
Sofern man im Traum den Propheten Ismail (a. s.) sieht, wird man eine fromme Person, man vollbringt gute Taten, man wird vor Unfällen und schlimmen Ereignissen bewahrt und man wird glücklich.

J

## Joghurt
Falls man im Traum Joghurt sieht oder davon isst, wird man Rang und Glück erreichen und Besitz erlangen.

## Junge
Sofern man im Traum einen Jungen sieht, der kurz davor steht, ein Jugendlicher zu werden, ist das ein Zeichen für Freude. Manchmal bedeutet ein solcher Traum auch Würde und Stärke.

## Junger Mann
Wenn man im Traum von einem jungen Mann träumt, dann ist das ein Zeichen, lange anhaltende Freude zu erleben.
Sofern man von einem mutigen und jungen Mann träumt, deutet das darauf hin, dass man gegen seinen Feind siegen wird.

## Juwelier
Falls man im Traum ein Juwelier ist, erlangt man Besitz und empfängt viel Gutes.

## K

## Kaaba
Wenn man die Kaaba im Traum sieht, ist der Glaube stabil und aufrichtig. Man erlangt ein langes Leben und findet eine glückliche Fügung. Man erreicht Besitz und wird glücklich.
Falls man die Kaaba als sein Haus sieht, erlangt man Größe und einen hohen Rang.

## Kaffee
Im Traum Kaffee zu trinken ist ein Zeichen für weltlichen Genuss und Komfort.

Kajal
Falls man im Traum seine Augen mit Kajal schminkt, besitzt man einen stabilen Glauben.

Kamel
Sofern man im Traum auf einem Kamel reitet, findet man Glückseligkeit. Man findet seinen Weg, heiratet mit einem attraktiven Partner und wird glücklich.
Wer auf einem Kamel zügig reitet, wird reisen.
Wer vom Kamel herabsteigt, wird zuerst krank und später gesund.

Kamille
Wenn man im Traum von jemandem Kamille erhält, ist das ein Zeichen für die Freundschaft mit der gebenden Person.
Manchmal wird Kamille mit einer schönen Frau gedeutet.
Eine Kamillenblüte bedeutet mitunter auch die Verwandtschaft der Partnerin.

Karotten
Falls man im Traum Möhren sieht, packt man eine schwere Arbeit an, die sich für den Träumenden jedoch als leicht erweist.
Wenn man von Karotten träumt, ist das ein gutes Zeichen.
Sofern man in Besitz von Möhren ist, befreit man sich von Leid und Kummer.

Kartoffel
Falls man im Traum Kartoffeln sieht, bedeutet das Besitz, Geld und Freude.
Eine Kartoffel zu schälen, deutet auf das Erreichen der Ziele hin.
Kartoffeln zu pflanzen bedeutet eine gewinnbringende Tätigkeit.
Sofern man Kartoffeln kauft oder findet, ist das ein Zeichen für einen Verdienst aus ungeahnter Stelle.

Käse
Falls eine Person im Traum Käse sieht oder isst, werden ihre Worte überall anerkannt und man wird wohlhabend.

Im Traum Käse zu sehen, wird mit Lebensunterhalt und Besitz gedeutet.
Frischer Käse ist besser als alter Käse.
Trockener Käse bedeutet nach einer Reise wenig Lohn zu erhalten und frischer Käse bedeutet ohne Mühe viel Besitz zu erlangen.
Im Traum Käse zu sehen bedeutet ein angenehmes Leben und Besitz und frischer Käse bedeutet schnell erlangter Besitz und ist ein Zeichen, dass das vorliegende Jahr angenehm und mit viel Verdienst erfolgen wird.

Kerze
(Siehe Öllampe)

Kevser See
Falls man im Traum vom Kevser See trinkt, ist man auf dem Weg des Islam.

Kirsche
Falls man im Traum vom Kirschbaum Kirschen pflückt und diese isst, ist das ein Zeichen für große Freude im Zuhause. Auch deutet das auf Gesundheit und einen guten Verdienst hin.

Kiyamet (islamisch für Weltuntergang)
Falls man im Traum Kiyamet sieht, befreit man sich von seinen Ängsten.
Sofern man aus Angst wegen Kiyamet sich zurückhält und Rettung findet, befreit man sich von weltlichen schlimmen Ereignissen und man wird glücklich.

Kleidung
Wenn man im Traum weiße Kleidung anzieht, befreit man sich von Kummer, man wird mit dem Leben zufrieden und man erlangt bei den Mitmenschen Ansehen.
Falls man schwarze Kleidung trägt, erlangt man das Sagen und der Rang und die Glückseligkeit steigen an. Wenn man jedoch ein durchschnittlicher Mensch ist, kann man Kummer erleiden.
Grüne Kleidung bedeutet, Größe zu erreichen und ist ein Zeichen für einen stabilen Glauben. Man wird außerdem glücklich und zufrieden.

Rote Kleidung bedeutet Streitigkeiten, doch der Träumende gewinnt diesen Streit. Für eine Frau bedeutet rote Kleidung Glückseligkeit.
Gelbe Kleidung deutet auf Krankheit hin.
Blaue Kleidung bedeutet, Kummer und Leid zu durchleben.
Sollte man im Traum seine Kleidung waschen, wird man wohlhabend. Man befreit sich von Zweifel, bereut Sünden und reinigt sich.

Knopf
Falls man im Traum einen Knopf sieht, deutet das auf Ehrenhaftigkeit und einen guten Handel hin. Manchmal bedeutet ein Knopf im Traum, Besitz zu erlangen.
Sofern der Träumende an einer Kleidung einen Knopf annäht, ist das ein Zeichen, dass die Person heiraten wird.

Koch
Wenn man im Traum einen Koch sieht, deutet das auf eine ehrgeizige Person hin.
Falls der Koch gut duftende und köstliche Gerichte zubereitet, erreicht man viel Gutes.
Sollte man in einem Haus einen Koch sehen, ist das ein Zeichen für Reichtum.
Im Traum einen Koch zu sehen, deutet auf Freude hin.

Kochen
Wenn man im Traum kocht, wird man von einer großen Persönlichkeit viel Gutes erlangen und man erreicht Wohlstand und einen hohen Amt.
Wer im Traum eine Speise vollständig zubereitet, wird seine Wünsche erreichen.
Sofern die Speise ohne viel Mühe hergestellt wird, wird man einen guten und angenehmen Lebensunterhalt erlangen.
Falls man für eine kranke Person eine leichte Speise zubereitet, wird der Kranke gesund und das ist ein Zeichen für die dauerhafte Gesundheit und das Wohlergehen des Träumenden.

Kokosnuss
Falls man im Traum eine Kokosnuss sieht, deutet das auf Besitz hin.

Sofern man im Traum eine Kokosnuss isst, ist das ein Zeichen für Glauben und Wissenserwerb.

## Kopf
Wenn man im Traum einen Kopf sieht, ist das ein Zeichen für eine große Persönlichkeit.
Falls man im Traum geköpft wird, der Kopf sich vom Körper trennt, wird man sich von den Eltern und Lehrern trennen.
Wenn der Kopf im Traum wächst, wird man Ansehen erlangen.
Ein schrumpfender Kopf bedeutet das Gegenteil.

## Kopfschmerzen
Sofern man im Traum Kopfschmerzen hat, weist das darauf hin, dass man für Taten Reue zeigen wird, Geld spenden und Gutes tun wird.
Manchmal sind im Traum Kopfschmerzen auch ein Zeichen, dass man eine Sünde begangen hat, für die Reue angebracht ist.

## Koran
Wenn man im Traum den Koran sieht, wird man im Diesseits und im Jenseits geschätzt und man erreicht seine Ziele.
Wenn man einen Koran erhält oder man einen Koran findet, wird man ein Gelehrter. Man erhält ein Erbe, wird reich und den Sünden wird vergeben. Viele finden in solchen Träumen eine Stütze.
Sofern man aus dem Koran liest, wird man dauerhaft glücklich.

## Körper
Falls man im Traum in den Spiegel schaut und seinen Körper betrachtet, bedeutet das Gesundheit und ist ein Zeichen für Freude.

## Krankheit
Sofern man im Traum krank ist, befreit man sich von Kummer, doch man empfindet für etwas Sehnsucht. Das wird jedoch gut enden.

Kreuzkümmel

Wenn man im Traum Kreuzkümmel sieht, wird das positiv gedeutet.

Falls man im Traum Kreuzkümmel isst, wird man Gutes erlangen.

Manchmal wird Kreuzkümmel auch mit Kummer gedeutet, der schnell vergeht.

Krieg

Sofern man im Traum in den Krieg zieht, erreicht man einen hohen Rang und wird vom Volk angesehen.

Wenn man im Traum gegen den Widersacher kämpft und siegt, wird man angesehene Worte verbreiten.

Falls man gegen seine Freunde oder andere Personen kämpft, wird man sich Gutes entgegenbringen oder die Freundschaft wird zunehmen.

Krone

Wenn man im Traum eine Krone aus Gold mit wertvollen Steinen aufsetzt, erlangt man ein hohes Amt und man wird glücklich.

Kühlschrank

Falls man im Traum einen Kühlschrank sieht, ist das ein Zeichen für eine sehr hilfreiche Person, die Vorteile erbringt.

Sollte man aus dem Kühlschrank ein Getränk holen und davon trinken, wird man von der hilfreichen Person Vorteile und Besitz erhalten.

Kürbis

Wenn man im Traum einen Kürbis sieht, ist das ein Zeichen für einen wertvollen, weisen Gelehrten oder Arzt.

Falls man im Traum einen Kürbis sieht, bedeutet das für einen Kranken, gesund zu werden.

Sofern man im Traum von einem Feld Kürbisse sammelt, wird man gesund.

Manchmal bedeutet ein Traum mit Kürbissen, dass es um den Intellekt gut bestellt ist.

Küssen
Wenn man im Traum jemanden küsst, wird man mit dieser Person Ziele erreichen.
Falls man verliebt ist, erreicht man den Geliebten.
Sofern jemand den Träumenden küsst, werden sich diese viel Gutes entgegenbringen.
Sofern man im Traum eine bereits verstorbene Person küsst, wird man von deren Nachlass profitieren.
Wenn man im Traum eine Person küsst, die man liebt, deutet das darauf hin, seine Ziele zu erreichen und bedeutet Sieg, Gutes, Nutzen und eine gute Nachricht.

L

Lächeln
Sofern man im Traum lächelt, bekommt man einen frommen Sohn.

Leben
Falls man davon träumt, ein langes Leben zu haben, wird man Reichtum und Ansehen erreichen und zu seinen Zielen gelangen.

Leber
Wenn man im Traum eine Leber sieht, ist das ein Zeichen für Mut, Tapferkeit und Nachwuchs. Auch deutet dieser Traum auf Wissenserwerb, Besitz und Wohlstand hin.
Falls man im Traum eine Leber isst, wird man angesammelten Besitz erhalten.

Lehrer
Sofern man im Traum einen Lehrer sieht, wird das innerhalb einer unwissenden Gemeinschaft mit einer führenden Person gedeutet.
Falls man davon träumt, jemandem Wissen zu vermitteln, wird man einen hohen Amt und Rang erreichen.

Leiter
(Siehe Treppe)

Levh-i mahfuz (Schicksalsbuch)
Wenn man im Traum das Levh-i mahfuz sieht, wird der Träumende für Allah (c. c.) würdige Arbeiten verrichten und im Wissen und mit dem Talent hohe Ränge erreichen und in Bereichen, die er noch nicht kennt, wird man zum Entdecker.
Falls man im Traum auf dem Levh-i mahfuz seinen eigenen Namen liest, wird man großes Wissen erlangen.
Sofern der Träumende ein Gelehrter ist, wird man angesehen und im Osten und Westen Gehör erlangen.
Wenn man im Traum den ehrwürdigen Stift dieser Ebene sieht, werden sich alle Türen zu Wissen für den Träumenden öffnen und man wird zu einem Geistlichen und Gelehrten.

Licht
Wenn man im Traum Licht sieht, erlangt man von ungekannter Stelle Besitz und von ungeahnter Stelle wird man befähigt, sein Ziel zu erreichen.
Falls man träumt, dass am Morgen das Licht der Sonne das Haus oder den Träumenden berührt, findet man Reichtum. Unter den Gleichaltrigen erlangt man Größe, man bekommt einen schönen Charakter und wird wortgewandt. Man heiratet einen attraktiven und wohlhabenden Partner und wird dadurch glücklich.
Sollte man Helligkeit und Flammen sehen, kommt man endlich mit den Vorhaben voran und man erreicht seine Ziele. Die Feinde geben auf und werden Freunde und man befreit sich von Kummer und Leid.

Liebe
Wenn man im Traum eine gute Person liebt oder sich verliebt, erreicht man, was man sich wünscht.
Falls man im sich im Traum in eine Person über die Maßen verliebt und weint, erreicht man seine Ziele und wird glücklich.

Lippen
(Siehe Mund)

Löwe
Falls man im Traum auf einem Löwen reitet, wird man von einer großen Persönlichkeit ein Gesprächspartner. Man wird neben dieser Persönlichkeit Vorteile erhalten und Größe erreichen.
Wenn man im Traum einen Löwen sieht und sich vor diesem fürchtet, befreit man sich von aller Bedrängnis und jedem Kummer, man erhält Besitz und wird glücklich.

Lunge
Im Traum die Lunge zu sehen, deutet auf Erleichterung und Freude hin.

M

Mädchen
Sofern man im Traum ein Mädchen sieht, ist das ein Zeichen für Wohlstand, Ehre, Erleichterung nach schweren Zeiten und auf wachsende Dinge hin.
Falls eine kranke Frau im Traum ein Mädchen auf die Welt bringt, deutet das auf Genesung hin.

Mahlzeit
(Siehe Speise)

Majoran
Wenn man im Traum an Majoran riecht, kann sein Körper in dem Jahr gesund bleiben.
Falls man Majoran pflanzt, deutet das auf die Geburt eines klugen Sohnes hin.

Mandel
Falls man von Mandeln träumt, deutet das auf Besitz und Wohlstand hin.
Mandeln mit Schale bedeuten Besitz, der mit Schwierigkeiten erreicht wird.
Geschälte Mandeln deuten auf einfach erlangte Besitztümer hin.

Von Mandeln zu träumen bedeutet Besitztümer, Wohlstand, Lebensunterhalt, Feindschaft und Schwierigkeit.

Mandeln können auch ein Zeichen für Wissenserwerb sein.

Außerdem können Mandeln ebenfalls auf verborgenen Besitz, Genesung und Komfort hindeuten.

Wenn man von Mandeln träumt, ist das ein Hinweis, von einer nahestehenden Person Besitz zu erlangen.

Süße Mandeln bedeuten rechten Besitz, bittere Mandeln hingegen bedeuten Besitz aus unrechten Mitteln.

Mann
Wenn man im Traum einen tapferen und gestandenen Mann sieht, ist das ein Zeichen für Tugend, Wohlstand und Stärke.

Markt
(Siehe Basar)

Mars (Planet)
Falls man im Traum den Planeten Mars sieht, wird man gegen seinen Widersacher siegen und vom Volk angesehen.

Maus
Wenn man im Traum spielende Mäuse sieht, deutet das auf Wohlstand hin. Manchmal wird eine Maus auch mit einer eifersüchtigen Frau gedeutet.

Falls man träumt, dass eine Maus in der eigenen Wohnung spielt, wird das folgende Jahr Wohlstand herrschen.

Medikament
(Siehe Arzneimittel)

Meer

Falls man im Traum ein Meer sieht, erlangt man Glück, erreicht seine Ziele und lebt ein gemütliches Leben.
Wenn man in das Meer geht oder schwimmt, wird man wohlhabend.

Mehl
Falls man im Traum Mehl sieht, erreicht man mit Leichtigkeit Besitz.
Im Traum Mehl zu sehen deutet auf Besitz hin, den man mühelos erlangt.
Gerstenmehl deutet auf einen stabilen Glauben hin.
Weizenmehl bedeutet schnell im Handel Geld zu verdienen.
Reismehl ist Besitz, den man mit Mühe erhält.

Menschenmenge
Sofern man im Traum eine schön gekleidete Menschenversammlung sieht, wird man glücklich und man erreicht seine Ziele.
Falls eine Gruppe Menschen zuerst uneinig sind und sich dann einigen, siegt man über seine Feinde.

Meryem (a. s.) (islamisch für Maria)
Im Traum Meryem (a. s.) zu sehen, deutet darauf hin, dass an dem Ort ein großes Ereignis stattfinden wird.

Mihrap (islamische Gebetsnische)
Sofern man sich im Traum auf einem Mihrap sitzen sieht, erreicht man all seine Ziele.
Falls man die Gebetsnische in schlechtem Zustand sieht, sollte man Reue zeigen und auf dem Weg des Glaubens zuversichtlich arbeiten, damit man seinen Glauben heilt.

Milch
Falls man im Traum Muttermilch trinkt, erlangt man ein angenehmes Leben und erfreuliche Nachricht.
Sofern man im Traum Milch trinkt oder ein Tier melkt, bekommt man Besitz und erlangt hohe Ämter.

Minarett
Wenn man im Traum eine Minarett hinaufsteigt oder eine Minarett erbaut, wird man innerhalb des Volkes angesehen. Man erreicht seine Ziele im weltlichen Leben und im Jenseits und wird glücklich.

Misk
Wenn man im Traum Misk (Moschus) sieht, kauft oder daran riecht, wird man sich mit einer attraktiven Person unterhalten oder mit einer gutmütigen Person heiraten oder dadurch glücklich mit vielen Töchtern und Söhnen sein.

Mohammed (s. a. v.)
Wenn man im Traum den Propheten Mohammed (s. a. v.) sieht, wird man im Diesseits und im Jenseits geschätzt. Alles, was man sich als Ziel setzt, gelingt.
Was auch immer man sich vornimmt, man wird erfolgreich und wohlhabend. Die Gebete werden erhört.
Falls ein Bekenntnisloser von Mohammed (s. a. v.) träumt, gelangt dieser zum Glauben.
Sofern ein durchschnittlicher Mensch von Mohammed (s. a. v.) träumt, erlangt er Glauben und seine Arbeiten verlaufen gut und man erreicht seine Ziele.
Wenn man im Traum den Propheten Mohammed (s. a. v.) lächelnd sieht, wird jeder glücklich, gläubig und gutmütig.
Falls man Mohammed (s. a. v.) mit seiner Gefolgschaft sieht, wird man Größe und Glück erlangen. Das Glück wird von Tag zu Tag zunehmen und man wird im Leben das Wohlwollen von Allah (c. c.) erreichen.
Sofern man Mohammed (s. a. v.) in seiner Grabstätte sieht, erlangt man einen stabilen Glauben und erreicht einen hohen Rang, man wird wohlhabend und befreit sich von Kummer und Sorgen.

Möhren

(Siehe Karotten)

## Mond
Falls man im Traum den Mond strahlend hell sieht, befreit man sich von Kummer und erreicht seine Wünsche.

Sollte das Licht des Mondes den Träumenden berühren, erlangt man von einer großen Persönlichkeit viel Gutes und man erreicht seine Wünsche.

## Moschee
Wenn man im Traum eine Moschee sieht oder in eine Moschee hineingeht, erreicht man Gutes, man vollbringt Taten, die dem Schöpfer gefallen und man weist einen stabilen Glauben auf.

Falls man mit vielen Menschen das Freitagsgebet durchführt, erlangt man mit Leichtigkeit Besitztümer und man erreicht einen hohen Rang. Auf einem kurzen Weg findet man geradewegs Gutes.

Wer in einer kleinen Moschee betet, wird vom Volk angesehen.

Sofern man mit dem Rücken zur Gebetsnische sitzt, wird man sehr reich und mitunter eine hohe Persönlichkeit.

Wenn man mit einer großen Menschenmenge eine Moschee betritt, wird man einen frommen und reichen Partner heiraten und sein Ziel erreichen.

Falls man in der kleinen Moschee eine Öllampe anzündet, wird man eine gelehrte und reife Person. Man wird dann zu vielen Themen über Wissen verfügen und Probleme lösen.

## Moschus
(Siehe Misk)

## Muezzin (Gebetsrufer)
Sofern man im Traum Gebetsrufer ist und das Ezan (Gebetsruf) liest, erlangt man Rang und Glückseligkeit, falls man zum Gebetsrufen fähig ist.

Falls man zum Gebetsrufen nicht befähigt ist, wird der Träumende wegen seiner Zunge in Bedrängnis geraten.

Zum Gebet zu rufen wird auch damit gedeutet, dass man innerhalb des Volkes mit den guten Eigenschaften Ruhm erlangt.

### Mühle
Wenn man im Traum eine Mühle sieht oder dort Mehl mahlt, erhält man von einer großen Persönlichkeit viel Gutes, man dient diesem und erhält dadurch Besitz und wird glücklich.

### Mund
Wenn man in seinen Mund ein Medikament nimmt, ist das ein Zeichen für Gläubigkeit.
Falls man Nahrung in den Mund aufnimmt, deutet das auf weltliche Ordnung hin.
Sofern man eine Süßspeise isst, erreicht man einen angenehmen Lebensunterhalt.
Falls man im Traum einen Mund sieht, deutet das auf Rang, ein hohes Amt, Wissensschätze bei den Tätigkeiten hin.
Im Traum einen Mund zu sehen ist ein Zeichen für die Quelle von Wissen, Vorträge, Lobpreisung und Schimpferei.
Sofern vom Mund klares Wasser fließt, wird das Volk bei einem Würdeträger von seinem Wissen und seinen Vorträgen profitieren.
Wenn man kein Würdeträger ist, wird man mit schönen und angenehmen Worten das Wohlwollen der Menschen erreichen.

### Musa (a. s.) (islamisch für Moses)
Wenn man im Traum Musa (a. s.) sieht, wird man viele Widersacher haben, die dem Träumenden schaden wollen, doch die Gegner werden nicht erfolgreich damit sein. Letztlich wird der Träumende die Gegner bezwingen und siegen.

### Muskatnuss
Wenn man im Traum Muskatnuss sieht, wird man Verantwortung übernehmen und mit viel Mühe Erfolg haben.
Falls man im Traum Muskatnuss isst, besitzt man einen starken Glauben und dieser Traum ist ein Zeichen, dass die Gebete erhört werden.

Sofern man Muskatnuss isst, aber niemandem davon abgibt, deutet das darauf hin, dass man Wissen besitzt, doch man lässt niemanden an diesem Wissen teilhaben.

Mutter
Sofern man im Traum seine Mutter sieht, erhält man unerwartet ein Erbe.
Falls man davon träumt, dass die Mutter den Träumenden auf die Welt bringt, wird man gesund, falls man krank ist oder man wird wohlhabend, falls man arm ist.
Wenn man mit der Mutter sitzt oder mit der Mutter einen Ort aufsucht, erreicht man Sicherheit und Glückseligkeit.
Mit der Mutter im Traum zu reden, deutet auf eine gute Nachricht hin.
Sofern man die Mutter lachend oder lächelnd sieht, wird man unerwartet eine sehr erfreuliche Nachricht erhalten.

# N

Nacht
(Siehe Tag)

Nachtigall
Falls man im Traum eine Nachtigall sieht, deutet das auf ein eigenes Kind hin, dass eine schöne Stimme und eine gute Sprache aufweist.
Manchmal deutet das auch auf einen Freund hin, der diese Eigenschaften besitzt.
Von einer Nachtigall zu träumen ist ein Zeichen für einen reichen Menschen.

Nacktheit
Wenn man sich im Traum nackt sieht, dann ist das ein Zeichen, dass der Träumende eine reine und gütige Person ist.
Falls eine kranke Person im Traum ein gelbes Gewand auszieht, dann deutet das darauf hin, dass der Kranke gesund wird.
Manchmal bedeutet Nacktheit im Traum, neue Kleidung zu kaufen oder zu erhalten.

Nadel

Wenn man im Traum eine Nadel sieht, ist die Person auf dem Weg der Besserung.

Falls man eine Nadel in der Hand hat und näht, werden die Belange geordnet verlaufen.

Sofern man mit einer Nadel ein Kleid näht, wird man wohlhabend, ungeordnete Belange werden eine Ordnung finden und vieles wird sich bessern.

Falls man im Traum die Kleidungen der Menschen näht, wird man Ratschläge erteilen.

Nägel

Falls man im Traum seine Nägel gewachsen sieht, wird der Glaube stabil.

Sofern man im Traum seine Nägel schneidet, befreit man sich von Kummer und Sorgen.

Im Traum Nägel zu sehen, bedeutet Mut, Stärke und Besitz.

Je nachdem, in welchem Zustand die Nägel sind, sind genannte Bereiche betroffen.

Wenn im Traum die Nägel sehr kurz sind, verliert man Besitz und Stärke und Würde verringern sich.

Gerissene Nägel werden ebenso gedeutet.

Falls die Nägel im Traum gleichmäßig und sauber sind, ist das etwas Gutes für Weltliches und für den Glauben.

Namaz (islamisches Gebet)

Sofern man im Traum aufsteht, um das islamische Gebet zu verrichten, erlangt man Besitz und die Freunde bringen dem Träumenden viel Gutes entgegen.

Wenn man sich verbeugt (Rüku), werden die Gebete erhört.

Falls man sich niederkniet (Secde), nimmt Allah (c. c.) seine Gebete an und der Träumende erlangt seine Ziele.

Sofern man außer zu der Gebetsrichtung (Kible) in eine andere Gebetsrichtung betet, wird man sich für etwas umsonst Mühe machen.

Wenn man im Traum das Morgengebet betet, ergeht es dem Träumenden gut und er erreicht seine Ziele.

Falls man das Mittagsgebet betet, ergeht es einem auch gut, man erlangt Rang und Glückseligkeit und man ist stark gegenüber Widersacher.

Sofern man das Abendgebet betet, erlangt man Bedienstete.

Wenn man das Nachtgebet betet, wird man stark gegen Widersacher, man wird angesehen im Volk, man erlangt einen stabilen Glauben, man wird glücklich, man befreit sich von Kummer und Schmerz und man führt ein angenehmes Leben.

Narzisse
Falls man im Traum eine Narzisse sieht, wird man heiraten und einen Sohn bekommen. Der Sohn wird Talent und Scharfsinn aufweisen.


Nase
Wenn man im Traum eine Nase sieht, deutet das auf Besitz, Kinder, Vater, Geschwister, Verwandte und Freunde hin, mit denen man seinen Stolz verkünden kann.
Falls die Nase schön ist, deutet das auf die schönen Umstände des Träumenden hin.

Nebel
Wer im Traum Rauch, Dunst oder Nebel sieht, der die Ortschaft umfasst und dieser weiß und schön ist, bedeutet das Glückseligkeit. Ein solcher Traum ist ein Zeichen für göttliche Lehren und einen hohen Rang.

Nelke
Falls man im Traum Nelken sieht, ist das ein Zeichen für eine Person, die weiß, was sie will und darin hartnäckig, kämpferisch und entschlossen ist.
Manchmal bedeuten Nelken auch, dass man sich mit tiefer Liebe an eine Person binden wird.
Sofern man im Traum an einer Nelke riecht, sich eine Nelke ansteckt oder diese erhält, kann man von einer Person Hilfe bekommen.
Wenn man im Traum Nelken als eine Arznei oder als Gewürz verwendet, bedeutet das Ansehen.

Niere

Sofern man im Traum eine Niere sieht, wird das mit einem Helfer gedeutet. Sollte man im Traum eine Niere verlieren, ist das ein Zeichen, seinen Helfer zu verlieren.

Niesen

Falls man im Traum niest und von den Augen Tränen kommen, wird man reich und befreit sich von Mühe. Zudem wird man gesund.

Sofern man sich im Traum niesen sieht, erreicht man viel Gutes, man wird nach Krankheit gesund und dieser Traum ist ein Zeichen für ein langes Leben. Wer sich mehrmals hintereinander niesen sieht, erreicht ein langes Leben.

Nudeln

Wenn man im Traum Nudeln sieht, bedeutet das eine angenehme Reise, leichtes Gelingen der Arbeit und ein angenehmes Leben.

Zudem deutet dieser Traum darauf hin, schwierige Arbeiten mit Leichtigkeit zu erledigen.

Nuh (a. s.) (islamisch für Noah)

Wenn man im Traum den Propheten Nuh (a. s.) sieht, wird man ein langes Leben erlangen, man wird vor Kummer und Leid bewahrt und man wird viele Töchter und Söhne bekommen. Sein Lebensunterhalt und Besitz wird beträchtlich sein und man wird ein angenehmes Leben führen.

O

Obst

Wenn man im Traum frische Trauben, Melonen, Feigen oder anderes Obst zur Erntezeit sieht, erlangt man Wohlstand. Von ungeahnter Stelle entstehen Möglichkeiten.

Falls nicht die Erntezeit vorliegt, wird der Träumende wegen einem Gespräch unnötig in Kummer geraten.

Falls man im Traum einen Apfel erhält, wird man einen Sohn bekommen.

Erhält der Träumende eine Quitte, bekommt man eine Tochter.

Sofern man eine Birne erhält, wird man heiraten.

Wenn man im Traum eine Walnuss, Mandel, Pistazie oder andere Nüsse mit Schale erhält, wird man unter Mühe zu Besitz gelangen und ein angenehmes Leben führen.

Sofern man von Trauben, Feigen oder ähnlichem träumt, oder von diesen isst, wird man sich von Mühe befreien und keinen Kummer erleiden.

Wenn man im Traum Obst sieht, ist das ein Zeichen für Lebensunterhalt, einige Vorteile und sinnvolles Wissen.

Obst bedeutet Partnerschaft, Nachwuchs, Geld, Besitz, Handel und Wissenserwerb, gute Taten oder Familie und Verwandtschaft oder Freude und Gesundheit nach Krankheit.

Manchmal deutet Obst auf daraus gemachten Wein hin.

Falls man Obst leicht pflückt, ist das ein Zeichen dafür, ohne Mühe Besitz zu erlangen.

Ofen
(Siehe Herd)

Ohr
Sofern man im Traum ein Ohr sieht, ist das ein Zeichen für Nachwuchs, Besitz und Rang. Manchmal wird ein Ohr im Traum auch mit Wissenserwerb, Verstand, Glaube, Familie und ein Kind, auf das man stolz sein kann, hin.

Öllampe
Falls im Traum eine Öllampe oder eine Kerze brennt, wird man einen angenehmen, reichen Partner heiraten. Man erlangt Besitz und erreicht seine Ziele.

Wenn man selbst eine Öllampe oder Kerze anzündet, erlangt man mit Ehrgeiz und Ausdauer Besitz und Geld und findet Erleichterung.

Ömer (r. a.)
Wenn man im Traum den Kalifen Ömer (r. a.) sieht, wird man urteilen und regieren. Man wird gerecht und wohlhabend.

Opfergabe

Falls man im Traum einen Schaf opfert, sollte man Armen spenden, damit man vor allen Unfällen beschützt wird.

Sofern man ein Rind opfert, befreit man sich von Kummer und Leid und siegt über den Feind.

Wenn man ein Kamel opfert, vergibt Allah (c. c.) die Sünden und man erlangt einen hohen Rang. Man erlangt Besitz und wird reich.

Osman (r. a.)
Sofern man im Traum den Kalifen Osman (r. a.) sieht, wird man einen attraktiven Partner heiraten und dank diesem Partner Besitz und Komfort erlangen.

P

Palast
(Siehe Schloss)

Papagei
Falls man im Traum einen Papagei sieht, wird man im Volk angesehen und von führenden Persönlichkeiten ein Gesprächspartner.

Papier
Sofern man im Traum Papier sieht, erinnert man sich an eine vergessene Angelegenheit und von ungeahnter Stelle erhält man gute Nachricht.

Paradies
Falls man sich im Traum im Paradies befindet, ist das sehr gut. Der Träumende erreicht seine Wünsche im Jenseits und Diesseits mit Leichtigkeit und alle Vorhaben gelingen. Seine Vorhaben erfüllt man mit Fröhlichkeit und man wird von den Mitmenschen geschätzt. Man kann hohe Ränge erreichen. Man findet im Diesseits und im Jenseits Glückseligkeit.

Wenn man im Traum das Paradies verlässt, deutet das auf Verlust von Besitz und Rang hin. Diese Person sollte spenden.

Sofern man im Traum das Paradies sieht, ist das ein Zeichen für Freude, Gutes und Sicherheit.
Sollte man Obst vom Paradies essen, ist das ein sehr gutes Zeichen und bedeutet Erleichterung.

Parfüm
(siehe Duft)

Pauke
(Siehe Trommel)

Perle
Falls man im Traum eine Perle sieht und diese ist durchbohrt, wird man den Koran auswendig lernen. Falls nicht, wird man Wissen erwerben und gelehrt sein.
Von einer Perle zu träumen, deutet auf Nachwuchs hin. Sofern man viele Perlen hat, erlangt man Besitz.
Wenn man eine große Perle hat, bedeutet das ebenfalls viel Besitz.
Eine Perle zu verkaufen deutet auf Wissenserwerb hin.

Perlenkette
Wenn eine Frau von einer Perlenkette träumt, ist das ein Zeichen für Schönheit und Zier.
Falls man im Traum eine Perlenkette sieht, deutet das auch auf Glauben und Weisheit hin.

Petersilie
Sofern man im Traum Petersilie sieht, wird das immer positiv gedeutet. Auch wenn die Petersilie vergilbt und eingegangen ist, ist das ein Zeichen, dass man kurz erkrankt und dann wieder gesund wird.
Falls man im Traum in der Speise Petersilie sieht, deutet das auf Gesundheit und für eine kranke Person auf Genesung hin.

Sofern man die Petersilie roh isst, kann man vom Partner Gutes erhalten.

Pfeffer

Schwarzer Pfeffer deutet auf Besitz hin. Wer im Traum schwarzen Pfeffer sieht, wird mit Mühe viel Besitz erlangen.

Wenn der Pfeffer gegessen wird, lässt sich dieser Traum mit Besitz deuten.

Falls auch nur wenig Pfeffer gegessen wird, ist das ein Zeichen für Kummer.

Pfeil und Bogen

Wenn man im Traum Pfeil und Bogen sieht oder einen Pfeil schießt, wird man für eine Aufgabe an einen Ort geschickt. Sobald diese Aufgabe erledigt ist, erlangt man Glückseligkeit.

Falls man im Traum einen Pfeil mit Bogen sieht, wird man für einen Dienst an einen Ort geschickt oder dies ist ein Zeichen für einen Sieg.

Im Traum Pfeil und Bogen zu sehen, ist auch ein Zeichen, dass man gegen einen Widersacher siegen wird.

Manchmal bedeutet Pfeil und Bogen in der Hand, dass man einen Amt, Stärke und Besitz erlangt.

Pferd

Falls man im Traum ein Pferd sieht, erreicht man einen hohen Rang.

Wenn man auf dem Pferd sitzt, wird die Freude zunehmen und man erreicht seine Wünsche.

Sollte man im Traum auf einem ungesattelten Pferd reiten, wird das Ansehen zunehmen.

Sofern man im Traum auf einem Pferd sitzt und kämpft, wird man Mühe und Bedrängnis durchleben, um seine Wünsche zu erreichen, doch man wird Glück und Erleichterung finden.

Ein Pferd im Traum deutet auf Ansehen hin. Wenn man im Traum ein Pferd kauft oder erhält, erreicht man viel Gutes.

## Pfirsich

Falls man im Traum Pfirsiche sieht und diese süß schmecken, wird man einige Wünsche erreichen.

## Pflaume

Wenn man im Traum eine Pflaume sieht, die rot oder violett ist, erlangt man Besitz. Gelbe Pflaumen bedeuten Krankheit, Trauer und Feindschaft.

Falls man im Traum Pflaumen isst, wird man gesund. Sollte man nicht krank sein, bleibt man weiterhin gesund.

## Pilze

Falls man im Traum essbare und ungiftige Pilze sieht, ist das ein Zeichen für Besitz und Gutes.

Giftige Pilze bedeuten Schädliches und Verlust.

Falls man im Traum Pilze kauft und isst, deutet das auf einen einfachen, aber geringen Verdienst hin.

## Prophet

Wenn man im Traum einen der Propheten sieht, ist das ein Zeichen für den Vater, weil ein Vater aus Güte zu seinem Kind diesen im Diesseits und im Jenseits vor der Hölle bewahren will.

Ein Prophet ist auch ein Zeichen für einen Lehrer, da ein Lehrer seinem Schüler das Benehmen eines Propheten beibringt.

## Q

## Quelle

Sofern man im Traum eine saubere und klare Wasserquelle sieht, deutet das auf eine angesehene und starke Persönlichkeit hin.

Falls man im Traum an einer Quelle das Gesicht, die Hände oder einen anderen Bereich des Körpers wäscht, wird man sich von Trauer und Kummer befreien.

Quitte
Wenn man im Traum eine Quitte sieht, ist das ein Zeichen für eine beschwerliche Reise, Würde, positives Ansehen und Nachwuchs.

## R

Rauch
(Siehe Nebel)

Regen
Sofern man im Traum Regen sieht und man nass wird, erhält man Lebensunterhalt und es kommt zu einer glücklichen Fügung.
Falls es regnet und die Welt überflutet wird und das Wasser rein und klar ist, bedeutet das Lebensunterhalt und Besitz. Für das Volk ist das ein gutes Zeichen.
Wenn die Flut trüb ist, wird es im Volk Mangel an finanziellen Gütern geben.
Sofern man im Traum Regenwasser trinkt und dieses trüb ist, erlangt man Besitz von unrühmlicher Stelle.
Falls das Regenwasser klar ist, erhält man guten Besitz.

Reis
Sofern man von Reis träumt, erlangt man Besitz und ein angenehmes Leben.
Im Traum Reis zu sehen, wird mit Besitz gedeutet.
Wenn man Reis isst, bedeutet das mit Mühe erreichter Besitz.
Es ist besser, im Traum Reis zu sammeln und an einem Ort zu verstecken.

Richter
Wenn man im Traum einen Richter sieht, wird man innerhalb der Mitmenschen Urteile fällen und seine Wörter werden angenommen. Man wird Gutes vollbringen, ein schönes Wesen aufweisen und von den Frommen sein.
Falls der Richter betrauert ist, wird man eine Sünde begangen haben, man sollte Reue zeigen und spenden.

## Ring
Wenn man im Traum einen Ring sieht oder einen oder mehrere Ringe trägt, wird man Geld erlangen und man wird glücklich. Man wird heiraten. Ein Goldring bedeutet das Erreichen der Ziele und Wünsche.

## Rose
Falls man im Traum eine Rose sieht und es ist Zeit für deren Blüte, wird man glücklich und angesehen.
Wenn es nicht die Blütezeit für Rosen ist, wird man krank, aber schnell wieder gesund.
Sofern man eine Rose sieht oder man eine erhält, erreicht man seine Ziele.
Eine gelbe Rose bedeutet Krankheit, doch man wird schnell wieder gesund.

## Rosengarten
Wenn man im Traum einen Rosengarten sieht, erlangt man einen reichen Partner und ein schönes Leben.
Falls man im Rosengarten eine Rose an sich nimmt, wird man einen Sohn bekommen. Der Sohn wird ein Gelehrter und dieser ermöglicht Reichtum und Glückseligkeit. Der Träumende wird dank dem Sohn ebenfalls Wohlstand erlangen.

## Rosenwasser
Falls man im Traum Rosenwasser sieht, bedeutet das Gesundheit, Wohlstand und Ansehen.
Wenn man Rosenwasser trinkt, erlangt man bei den Verwandten Ansehen.

## Rosenöl
Sofern man im Traum Rosenöl oder ein ähnlich schönes Öl sieht, bedeutet das Ansehen und man wird Ruhm erlangen aufgrund der Tapferkeit und der Großzügigkeit und manchmal bedeutet das eine Wallfahrt.

## Rücken

Wenn man im Traum einen Rücken eines Menschen sieht, deutet das auf eine Person hin, die dem Besitzer den Rücken stärkt oder von ihm Hilfe erwartet.

Manchmal wird ein Rücken auch mit einem Weg gedeutet, den man beschreiten und gehen wird.

Falls man im Traum auf dem Rücken eine schwere Last trägt, kann man viele Kinder und wenig Besitz bekommen.

Sofern man im Traum eine gebeugte Person ist, kann das mit mehr Besitz, einem langen Leben oder viel Nachwuchs gedeutet werden.

Rüstung

Wenn man im Traum eine Rüstung sieht oder anzieht, wird man gegen seinen Feind siegen und ein tugendhafter Mensch sein.

S

Saat

Wenn man im Traum Saat einpflanzt, erhält man guten Lohn und man erreicht sein Ziel.

Sofern man Weizen oder Gerste einpflanzt, erlangt man eine glückliche Fügung und wird von Kummer fern sein.

Falls man Weizen kauft, erleidet man Leid und Bedrängnis. Wenn man Weizen verkauft, befreit man sich von Leid.

Sollte man Weizen essen, erlangt man Glück. Sollte man von Gerste träumen, erreicht man einen angemessenen Rang.

Salz

Sofern man im Traum Salz sieht, wird man finanzielle Güter erlangen und man wird glücklich.

Im Traum Salz zu sehen wird mit Lebensunterhalt und Besitz gedeutet.

Falls man im Traum Salz kauft, erreicht man Besitz.

Sofern man jemandem Salz gibt, gibt man dieser Person Besitz.

Sammeln
(Siehe Sparen)

Sand
Sofern man im Traum Sand sieht, erlangt man mit Mühe Besitz.
Falls man Steine und Erde sieht, erlangt man viel Besitz.
Von Sand zu träumen bedeutet Besitz und Gutes.
Viel Sand bedeutet viel Besitz.
Wenn man in einen Behälter Sand füllt, spart man für seinen Nachwuchs und seine Familie Besitz und Geld.
Roter und gelber Sand bedeutet Gold, weißer Sand bedeutet Silber und schwarzer Sand bedeutet Metallmünzen.

Schaf
Falls man im Traum ein Schaf sieht, deutet das auf eine Frau hin.
Sofern man im Traum eine Schafherde sieht und dann in Besitz dieser kommt, ist das ein Zeichen für viel Besitz.

Schachspiel
Wenn man im Traum Schach oder ein ähnliches Spiel spielt und gewinnt, wird man gegen seine Gegner siegen.

Schatten
Sofern man sich im Traum unter einem Schatten sitzen sieht, wird man mithilfe einer großen Persönlichkeit Größe erlangen.
Falls man an einem schattigen Ort sitzt, wird man einen hohen Rang erlangen.
Sollte der schattige Ort in weißen und grünen Farben sein, wird man in den Dienst für eine große Persönlichkeit treten.

Schatz

Falls man im Traum einen Schatz sieht, erlangt man guten Besitz.

Schere
Falls man im Traum eine Schere sieht, wird man weiteren Nachwuchs bekommen, wenn man schon ein Kind hat.
Auch die Geschwister werden mehr.
Sofern man im Traum in seinen Händen eine Schere und Haare oder Wollestücke sieht, wird man Besitz anhäufen.


Schiff
Falls man im Traum ein Schiff betritt, wird man vor Unfällen und den Angriffen von Feinden beschützt.
Sollte das Schiff im Meer untergehen, ist das kein gutes Zeichen. Man sollte Reue zeigen und spenden.
Von einem Schiff zu träumen bedeutet Nachwuchs, den Vater und den Partner.
Ein Schiff zu betreten bedeutet Erleichterung und Reichtum.
Sofern man das Schiff munter verlässt, wird das gut gedeutet, wenn das Schiff untergeht und man ertrinkt, wird das schlecht gedeutet.
Sollte man im Traum der Kapitän des Schiffes sein, wird man Ansehen bei den Mitmenschen erlangen.
Manchmal bedeutet ein Schiff im Traum, wenn man diesen betritt, sich von manchen Ängsten zu befreien.

Schloss (Palast)
Wenn man im Traum einen Schloss sieht, kommt es zu einer glücklichen Fügung, der Schöpfer weist einen Weg und man kommt voran.
Wenn man im Traum einen Palast sieht oder betritt, erlangt man Reichtum und Glück und erreicht seine Ziele. Man erreicht einen hohen Rang und befreit sich von Kummer und Bedrängnis.
Falls man eine Ruine betritt, erhält man von einer großen Persönlichkeit viel Gutes.

Sofern man im Himmel einen Schloss baut, wird man innerhalb des Volkes angesehen. Alle Arbeiten des Träumenden werden vom Schöfer angenommen und man wird glücklich. Im Diesseits und im Jenseits erlangt man Glück.

Schloss
(Siehe Schlüssel)

Schlüssel
Ein Schlüssel im Traum ist ein Zeichen dafür, dass man gut die Angelegenheiten anderer richten kann.
Wenn man viele Schlüssel sieht, wird man einen hohen Rang, Würde und Ansehen erreichen.
Falls man ein Schloss mit einem Schlüssel öffnet, ist das ein gutes Zeichen.
Sofern man ein Schloss mit einem Schlüssel verriegelt, ist das kein gutes Zeichen.
Wenn man im Traum einen Schlüssel vom Paradies besitzt, wird man großen Persönlichkeiten nah sein und das Tun ist gut.
Im Traum Schlüssel zu sehen, öffnet schwierige Angelegenheiten, befreit von Kummer und Krankheit und ermöglicht das Erreichen der Ziele. Man erlangt einen starken Glauben, Wissen und Geschicklichkeit.
Ein Schloss im Traum ist ein Zeichen dafür, seine Ziele zu erreichen.
Falls man das Schloss leicht öffnet, erreicht man seine Ziele leicht.
Wenn man Schwierigkeiten hat, das Schloss zu öffnen, wird man Schwierigkeiten bei den Tätigkeiten haben.

Schmerzen
Falls man im Traum Schmerzen hat, dann deutet das darauf hin, dass man wegen begangenen Sünden Reue zeigt.

Schmied
Sofern man im Traum einen Schmied sieht, deutet das auf einen starken, charismatischen Mann hin.

Falls man träumt, dass Eisen in der Hand schmilzt, dann ist das ein Zeichen, dass man Besitz und Gutes erreichen wird.

Schnee
Wenn im Traum Schnee fällt erlangt man guten Besitz.
Falls es schneit und auf dem Boden Schnee liegt, erreicht man Besitz und Lebensunterhalt.
Sofern man im Traum Schnee oder Hagel isst, erhält man Lebensunterhalt und befreit sich von Kummer.
Falls man von Schnee träumt, bedeutet das Besitz und Genesung von Krankheit.
Sofern auf den Träumenden Schnee fällt, wird man zu einer langen Reise aufbrechen.

Schneider
Wenn man im Traum ein Schneider ist, werden sich wirre Aufgaben und Arbeiten ordnen und verlorenen Besitz erhält man zurück.

Schönheit
Wenn man im Traum Schönheit an der Kleidung, dem Körper oder dem Gefährt sieht, ist das ein Zeichen für die eigene Schönheit und die Hässlichkeit der Feinde.

Schuhe
Sofern man im Traum Schuhe sieht, wird man sich freuen.
Falls man im Traum die Schuhe verliert, befreit man sich von Kummer und erreicht Erleichterung.
Wenn man sich barfuß sieht, wird man reich.
Wenn man im Traum Schuhe sieht, ist das im Winter ein gutes Zeichen, im Sommer hingegen nicht.
Sofern man Schuhe anzieht, deutet das auf eine lange Geschäftsreise hin.
Enge Schuhe sind ein Zeichen für Bedrängnis und Schulden.
Neue Schuhe deuten darauf hin, den Besitz zu bewahren.

Schulden bezahlen

Falls man im Traum träumt, dass man seine eigenen Schulden bezahlt, ist das ein Zeichen, dass ein schwieriges Vorhaben – egal ob weltlich oder für den Glauben, erleichtert wird.
Manchmal bedeutet ein Traum, worin Schulden bezahlt werden auch, dass man Aufgaben des Glaubens erfüllen wird.

Schultern
Sofern man im Traum Schultern sieht, deutet das auf Eltern, zwei Geschwister oder zwei Teilhaber der Arbeit hin. Auch sind Schultern ein Zeichen für Rang, Ansehen, Schönheit und schöne Worte.
Manchmal werden Schultern im Traum auch mit Stärke, Kraft und Geduld gedeutet.
Wenn man an den Schultern Gutes oder Schlechtes sieht, kann das mit den oben aufgezählten Eigenschaften in Bezug stehen.

Schwangerschaft
Falls man sich im Traum schwanger sieht, erlangt man einen hohen Rang.
Schwangerschaft bedeutet Besitz und Wohlstand entsprechend der Größe des Bauches.
Von einer Schwangerschaft zu träumen ist sowohl für einen Mann als auch für eine Frau ein guter Traum.
Wenn man ein Tier schwanger sieht, wird das ebenfalls als ein guter Traum gedeutet.

Schwarzkümmel
Wenn man im Traum Schwarzkümmel sieht, deutet das auf die Gesundheit des Träumenden hin.

Schwert
Ein Messer im Traum deutet auf das eigene Kind, die Messerhülle auf die Ehefrau hin.
Falls man davon träumt, nur ein Schwert als Waffe bei sich zu haben, bedeutet das das eigene Kind.
Zusammen mit einer anderen Waffe bedeutet das Würde und einen hohen Rang.

Falls man ein Schwert erhält, wird man mit jemanden enge Freundschaft haben oder man erlangt Besitz.

Sofern man das Schwert in die Hülle steckt, deutet das auf Heirat hin.

Von einem Schwert zu träumen, bedeutet Gesundheit, Kind, Sieg, Bruder, Kraft, Reichtum und Rang.

Schwester

Sofern man im Traum von einer Schwester träumt, deutet das darauf hin, dass die Vorhaben gut gelingen werden und man ein langes Leben erreichen wird. Falls man ledig ist, ist dieser Traum ein Zeichen dafür, dass man bald heiraten wird. Falls man schon verheiratet ist, bedeutet dieser Traum, eine Tochter zu bekommen. Manchmal bedeutet der Traum von der Schwester auch, von einer nicht erwarteten Stelle etwas Geld zu erhalten oder eine sehr erfreuliche Nachricht zu bekommen. Auch ist der Traum von einer Schwester ein Zeichen für Liebe und Güte.

Schwimmen

Wenn man im Traum im Meer schwimmt und ein Gelehrter ist, wird man viel Wissen erlangen.

Wer einen tiefen Bereich des Meeres erreicht und dort gut schwimmt, wird eine große Tätigkeit oder ein Amt ausführen.

Seide

Falls man im Traum Kleidung aus Seide anzieht, erlangt man einen hohen Rang und Besitz.

Seife

Wenn man im Traum Seife sieht, dann ist das ein Zeichen für das Erlangen von Besitz. Sofern man im Traum mit Seife etwas wäscht und von Schmutz befreit, wird man nach Krankheit gesund, nach Sünde erreicht man gute Taten und nach Trauer und Kummer erreicht man Freude.

Sesam

Falls man im Traum Sesam sieht, ist das ein Zeichen für die Zunahme von Besitz.

Wenn man im Traum jemandem Sesam gibt, gibt man ihm Geld.

Sofern man träumt, Sesam zu erhalten, bekommt man vom Gebenden Geld.

Im Traum Sesam zu sehen, ist ein Zeichen für Lebensunterhalt und Besitz.

Wer im Traum Sesam pflanzt, wird in einem hohen Amt tätig, man wird Glück im Handel haben, wachsenden Besitz erlangen und Glück finden.

Siegel

Sofern man im Traum ein Siegel sieht oder findet, erreicht man Größe, es kommt zu einer glücklichen Fügung und man erlangt Wohlstand.

Wenn man ein Siegel erhält und man den Besitzer kennt, wird man an seine Stelle treten und seine Arbeit fortsetzen.

Silber

Falls man von Silber träumt, ist das ein Zeichen für Erleichterung. Wenn man im Traum echtes Silber sieht, deutet das auf eine wahre Nachricht hin.

Sofern man im Traum einen Beutel Silbermünzen findet, deutet das auf viel Besitz hin.

Silbermünze

Wenn man im Traum einige Silbermünzen sieht, erlangt man Geld.

Falls man glänzende Silbermünzen in seiner Hand sieht, bekommt man Nachwuchs.

Sofern man einen Beutel mit Silbermünzen sieht, erlangt man guten Besitz und Wohlstand.

Skorpion

Wenn man von einem Skorpion träumt, sollte man vor der Schlechtigkeit und Hinterhältigkeit einer Frau Acht geben.

Von einem Skorpion zu träumen deutet auf einen ungläubigen, schädlichen, doch schwachen Feind hin.

Socken

Wenn man im Traum schwarze Socken sieht, deutet das auf einen reichen Partner hin.

Weiße Socken deuten auf einen attraktiven Partner, rote Socken auf einen höflichen Partner, grüne Socken auf einen anständigen Partner hin.

Es ist besser, alte Socken zu sehen, als neue.

Soldat

Falls man im Traum einen Soldaten in Uniform oder einen Soldaten von hohem Rang sieht, wird der Träumende Würde und Ruhm erreichen.

Sommer

Falls man sich im Traum im Sommer befindet, wird man seine Wünsche erreichen.

Falls man im Sommer von dem Sommer träumt, ist das ein Zeichen für Freude und Glück.

Wenn man im Winter vom Sommer träumt, ist das ein Zeichen für Kummer und Bedrängnis.

Sonne

Wenn man im Traum die Sonne an seiner Seite sieht, bedeutet das Unterstützung und Besitz.

Falls die Sonne sich vor dem Träumenden verneigt, erreicht dieser alle seine Ziele, man wird vor Unfällen und schlimmen Ereignissen beschützt und auch das Jenseits ist sicher.

Sofern man die Sonne im eigenen Haus sieht, erhält man einen angesehenen, wohlhabenden Partner. Falls man bereits verheiratet ist, erlangt man Besitz und wird wohlhabend.

Sonnenblume

Wenn man im Traum eine Sonnenblume pflanzt, deutet das auf ein Vorhaben hin, dessen Ende gut ist.

Falls man Sonnenblumen sammelt, erntet man die Früchte eines begonnenen Vorhabens.

## Sparen

Wenn man im Traum sieht, dass sich etwas sammelt oder häuft, ist das ein Zeichen, dass der Träumende Geld sparen und anhäufen will.

## Speise

Falls die Umgebung im Traum voller Brot und schöner Speisen ist, wird man seine Ziele erreichen. Auch dem Umfeld wird es gut ergehen und der Träumende wird von einer großen Persönlichkeit profitieren und man wird ein hohes Amt erreichen.

## Spende

Wenn man im Traum eine Spende oder Almosen macht, befreit man sich von Kummer, man erlangt guten Besitz und man wird auf Erden und im Jenseits glücklich.
Falls man Kleidung spendet, erreicht man Größe.

## Spiegel

Sofern man im Traum sich im Spiegel betrachtet, erreicht man seine Ziele. Man bekommt einen Sohn, gründet eine Familie und wird glücklich.
Falls man im Traum einen Spiegel sieht, ist das ein Zeichen für den hohen Rang und das hohe Amt. Je größer und strahlender der Spiegel ist, umso höher wird der Rang und das Amt.

## Spinat

Sofern man im Traum Spinat sieht, bedeutet das Kummer und in manchen Fällen Genesung.
Wenn der Träumende krank ist, wird dieser gesund.
Wer Spinat kauft oder isst, wird Kummer erleiden.

## Spinne

Sofern man im Traum eine Spinne sieht, ist das ein Zeichen für einen stabilen Glauben.

Stadt
Wenn man im Traum eine Stadt sieht, wird man eine ordentliche Person und erreicht seine Ziele.
Falls die Stadt zerstört oder verkommen ist, erleidet man Kummer und Leid.
Sofern man sich im Traum mit den Gelehrten der Stadt unterhält, erhält man von ungeahnter Stelle Besitz und viele Menschen werden dem Träumenden entgegenkommen.

Statue
Sofern man im Traum eine Statue sieht, befreit man sich von Ängsten und siegt über den Feind. Manchmal wird eine Statue auch mit Nachwuchs gedeutet.

Sterben
Falls man sich im Traum sterben sieht, werden die Worte des Träumenden vom Umfeld geschätzt.
Sofern man sich im Traum sterben sieht, erlangt man ein langes Leben und das Glück wird dauerhaft und lang sein.

Stern
Wenn man im Traum Sterne sieht und die Sterne sich nähern oder auf seinen Schoß fallen, wird man Größe erlangen.
Wenn man im Traum die Sternzeichen beobachtet, wird man in den Lehren der Astrologie fortschreiten und sich darin Fachwissen aneignen.

Stift

Sofern man im Traum einen Stift sieht, erlangt man einen hohen Rang. Von unerwarteter Stelle erhält man Geld und Besitz und man erhält einen schönen Charakter und man spricht angenehm.

Ein Stift im Traum bedeutet Wissenserwerb, Güte und Nachwuchs.

Stirn

Wenn man im Traum die Stirn schön sieht, ist man im Glauben stark und schön.

Die Stirn ist ein Zeichen für Kraft und Rang. Manchmal deutet das auch auf Nachwuchs hin.

Falls man auf seiner Stirn die Spur von Secde (Verbeugung im Gebet vor dem Schöpfer) sieht, ist der Glaube sehr stark und man erlangt zwischen den Menschen Ruhm.

Sofern die Größe der Stirn zunimmt, erlangt man Wohlstand, Stärke und einen hohen Rang.

Ein Traum, in dem man eine Stirn sieht, ist ein Zeichen für ein hohes Amt, Kraft, Wohlstand und Wohltätigkeit.

Storch

Im Traum einen Storch zu sehen, bedeutet eine angesehene, tugendhafte und weise Person.

Falls man im Traum einen Storch fängt oder einen Storch erhält, freundet man sich mit einer solchen Person an.

Sofern der Storch zu dem Träumenden spricht, wird man Überraschendes erreichen oder von einer großen Persönlichkeit Hilfe erhalten.

Wenn sich im Traum auf dem Dach des Hauses ein Storch befindet, wird man im Zuhause als Gast eine große Persönlichkeit empfangen.

Ein Storch kann ebenfalls mit einem Partner gedeutet werden.

Falls man im Traum einen Storch fängt und nach Hause bringt, wird man eine angesehene Person heiraten.

Süleyman (a. s.) (islamisch für Salomon)

Wenn man im Traum den Propheten Süleyman (a. s.) sieht, erreicht man ein hohes Amt, man regiert und erlangt Glück. Viele Person werden die Hilfe des Träumenden beanspruchen.

Süßspeise

Falls man im Traum Zucker oder eine Süßspeise sieht oder isst, erreicht man viele materielle Güter.

Wenn man im Traum ein süßes Getränk trinkt, wird man bei Krankheit gesund und erlangt Besitz.

Sofern man im Traum eine Süßspeise sieht oder davon isst, wird man angesehen und es kommt zu einer glücklichen Fügung. Man befreit sich von Leid und Bedrängnis.

# T

Tag

Der Sinn von Nacht und Tag ist Dunkelheit und Helligkeit.

Eine dunkle Nacht im Traum bedeutet Kummer und Leid.

Eine Nacht mit leuchtenden Sternen in schöner Erscheinung zu sehen bedeutet Erleichterung, Freude und Wohlstand.

Falls man die Nacht hell und man die Sonne aufgehen sieht, erreicht man seine Ziele und vorhaben.

Wenn man sein Haus dunkel sieht, bedeutet das eine lange Reise.

Sollte die Dunkelheit, die einen umgibt, mit einem Mal hell werden, befreit man sich von Leid und Kummer. Wenn man ein Sünder ist, zeigt man Reue. Falls man arm ist, wird man wohlhabend. Wenn man ungerecht ist, gibt man dieses Verhalten auf.

Taube

Sofern man im Traum eine Taube sieht, erlangt man Ansehen.

Wenn man im Traum eine Taube geschenkt bekommt, erhält man von weit entfernter Stelle Unterstützung.

Sofern eine Taube auf einen zugeflogen kommt, erhält man von weit entfernter Stelle eine gute Nachricht.

Weiße Tauben werden besonders gut gedeutet.

Falls eine schwarze Taube sich einem zuwendet, kommt Besuch von großer Entfernung.

Wenn auf das Dach des Hauses, auf einen Baum des Gartens oder an das Fensterbrett eine Taube landet, bedeutet das Besuch.

Falls viele Tauben das Haus aufsuchen, wird man viele Verwandte, Kinder und viel Besuch haben.

Taucher

Wenn man im Traum in das Meer taucht und eine Perle herausholt, dann wird man von einer großen Persönlichkeit Geld und Wissen erhalten.

Manchmal deutet ein Taucher im Traum auch auf eine Person hin, die unerschrocken und mutig Schwierigkeiten begegnet.

In manchen Fällen kann der Traum von einem Taucher auch ein Zeichen für einen großen Gelehrten sein.

Tee

Falls man im Traum Tee trinkt, erreicht man Genuss und Fröhlichkeit.

Sofern man aus einem schönen Becher köstlichen Tee trinkt, ist das ein sehr gutes Zeichen und deutet auf inneren Frieden hin.

Teig

Sofern man aus Gerstenmehl einen Teig herstellt, deutet das auf den Glauben hin.

Sollte der Teig aus Weizen sein und Hefe hinzugefügt werden, wird man Besitz erlangen.

Ein Teig aus Weizenmehl ohne Hefe wird nicht gut gedeutet.

Einen Teig zu sehen, bedeutet die verborgene Mühe der Person, sein Ziel zu erreichen.

Sollte der Teig Hefe enthalten, erreicht man schnell seinen Wunsch.

Sofern der Teig ohne Hefe ist, werden die Wünsche Zeit beanspruchen.
Falls man aus dem Teig ein Brot backt, bedeutet das, dass der Wunsch bewahrheitet wird.

Teppich
Wenn man im Traum einen Teppich sieht, wird das mit weltlichem Besitz gedeutet.

Thron
Falls man sich im Traum auf einem Thron sitzen sieht, erreicht man Reichtum, Glückseligkeit und es kommt zu einer glücklichen Fügung.
Sofern man einen Thron sieht, der schwebt, erlangt man ein hohes Amt.

Tier
Falls im Traum Tiere zum Träumenden sprechen, wird man seine Ziele erreichen und Dinge, die man aufgab, wird man leicht erreichen und dadurch wird man glücklich.

Tinte
Sofern man im Traum Tinte sieht, wird man schreibend Geld verdienen oder man bekommt ein Kind und dieses wird zum Schreibenden.
Man wird heiraten und sich gut mit dem Partner verstehen.
Falls man Tinte ausschüttet, wird man mit Geld verschwenderisch umgehen und mit Mühe Geld verdienen.

Tod
(Siehe Sterben)

Tomaten
Wenn man im Traum Tomaten pflückt oder kauft, wird man eine erfreuliche Nachricht hören.
Rote Tomaten sind ein Zeichen für Gold und grüne Tomaten deuten auf Geld hin.

Tränen

(Siehe Weinen)

## Trauben
Wenn man im Traum Trauben sieht, dann bedeutet das einen dauerhaften und guten Lebensunterhalt.
Weiße Trauben deuten auf Gutes und Gesundheit hin.
Dunkle Trauben sind ein Zeichen für einige Vorteile, die sich ergeben.
Trauben bedeuten ebenfalls Freundschaft.

## Treppe
Falls man im Traum eine Treppe oder eine Leiter sieht, oder diesen hinaufsteigt, erlangt man einen hohen Rang.

## Trinken
Falls man im Traum ein süßes und schmackhaftes Getränk trinkt, bedeutet das Wissenserwerb und Weisheit.
Sofern man im Traum morgens ein kühles und süßes Getränk trinkt, erlangt man guten Besitz.

## Trommel
Wenn man im Traum eine Trommel sieht, dann deutet das auf unwichtige Worte hin.
Manchmal bedeutet eine Trommel im Traum auch eine Person, die Nachrichten überbringt.

## Truhe
Falls man im Traum eine Truhe sieht und diese leer ist, wird man durch den Partner wohlhabend.
Im Traum eine Truhe zu sehen, bedeutet das Haus, den Partner und die Arbeit des Träumenden.
Falls man im Traum eine Truhe sieht, wird man heiraten, falls man ledig ist.

Sofern man arm ist, wird man wohlhabend.

Tulpe
Sofern man im Traum Tulpen sieht, wird man gegen seinen Widersacher antreten und diese Auseinandersetzung gewinnen.

Tür
Sofern man im Traum eine Palasttür sieht, hat man eine gute Ordnung und ist zufrieden.
Wenn man seine eigene Tür öffnet, kommt es zu einer glücklichen Fügung und man erreicht ein langes Leben.

Türkischer Honig
Wenn man im Traum türkischen Honig sieht, wird man im Glauben beständig, eine kranke Person wird gesund und man erlangt Wissen.

Turm
(Siehe Burg)

U

Übergewicht
Sofern man sich im Traum übergewichtig sieht, wird der Besitz wachsen. Auch ist dieser Traum ein Zeichen für Größe und Glauben.
Falls man im Traum Übergewicht hat, gefällt man dem Umfeld und man erlangt Ansehen.

Umarmen
Falls man im Traum jemanden umarmt, ist das ein Zeichen für ein langes Leben.
Auch deutet eine Umarmung im Traum darauf hin, dass man schön reden und schön antworten wird.

Manchmal bedeutet eine Umarmung im Traum auf Freundschaft, eine Reise, eine Rückkehr von einem Aufenthalt in der Ferne und dem Ende von Leid und Kummer hin.

## V

### Vater
Wenn man im Traum seinen Vater sieht, erreicht man seine Wünsche.

Zu den besten Träumen gehören solche, in denen man seine Mutter, den Vater, die Großeltern oder Verwandte sieht.

Wenn man im Traum im selben Gebäude wie der Vater wohnt und dieser das Gebäude erhöht, bedeutet das, dass man dem weltlichen und dem Glauben des Vaters folgen wird und in diesen Belangen an Rang gewinnen wird.

### Vergebung finden
Wenn jemand, der eine Strafe verdient und gesündigt hat, im Traum von Allah (c. c.) Vergebung findet, deutet das auf die Aufrichtigkeit der Personen hin oder dieser Traum ist ein Zeichen, dass eine Wiedergutmachung notwendig ist.

### Vergeben
Sofern man im Traum jemandem vergibt aufgrund seiner Fehler und Vergehen, wird man eine Tat vollbringen, die zu Allahs (c. c.) Vergebung führt.

Wenn man im Traum Vergebung findet, erlangt man ein langes Leben und man erreicht Ruhm und Wohlwollen.

Wenn man im Traum einer Person vergibt, die eine Strafe verdient hätte, vergibt Allah (c. c.) die Schuld und die Sünden des Träumenden.

### Verlobung
Wenn man sich im Traum verlobt, wird man mit eigenen Anstrengungen und Mühen im Leben vorankommen und Erfolg erreichen.

## Verstand
Falls man im Traum seinen Verstand in menschlicher Gestalt sieht, werden Geschick, Schicksal und Glück zunehmen.

## Vogel
Wenn man im Traum einen Vogel sieht, erreicht man sein Ziel.
Wenn auf den Träumenden ein Vogel landet, werden die Ziele Wirklichkeit.
Von einem großen Vogel zu träumen, bedeutet viel Mühe und Ehrgeiz. Mit einem Vogel zu reden bedeutet Größe und Würde.

## Vollbart
Wenn man im Traum seinen Bart oder Vollbart sieht, werden die Gebete erhört, Türen werden sich dem Träumenden öffnen und es kommt zu einer glücklichen Fügung.
Falls man im Traum seinen Vollbart übermäßig lang sieht, erreicht man einen hohen Rang und man wird von Tag zu Tag glücklicher.
Sofern man träumt, dass der Bart weiß ist, wird das Ansehen zunehmen.

## Vorbeter
(Siehe Imam)

# W

## Waffe
Falls man sich im Traum bewaffnet, erlangt man Kraft und Charisma und seine Worte werden überall anerkannt.

## Wallfahrt nach Mekka
(Siehe Hadsch)

## Walnuss

Wenn man im Traum eine Walnuss sieht, deutet das auf Besitz hin, den man unter Mühe erlangt.

Die Frucht der Walnuss zu sehen, bedeutet leicht erreichbaren Besitz.

Von einer Walnuss zu träumen, ist die Ersparnis. Zudem deutet eine Walnuss auf fromme Personen, Geschwister, Gesundheit und eine lange Reise hin.

Eine aufgebrochene Walnuss bedeutet Besitz, der einfach erlangt wird.

## Waschen

Wenn man seinen Kopf und sich bis zu der Hüfte wäscht, wird man einen großen Rang erlangen.

Falls man seine Hände wäscht, wird alles, was die Hände verlässt, wieder zurückkehren und man befreit sich von Kummer.

Sofern man sich von der Leiste abwärts wäscht, befreit man sich von Sünden und schlechten Taten.

## Wasser

Falls man Wasser mit Eis trinkt, erlangt man Gesundheit.

Sofern man im Traum von Wasser umgeben ist und das Wasser rein ist, erlangt man Wohlstand und Besitz.

Wenn man viel Durst hat und Wasser trinkt und nicht genug davon bekommt, wird man krank.

Falls man genug Wasser auf den Durst trinkt, erlangt man Komfort.

Sofern man eine Wassergrube sieht, wird man wohlhabend und beschäftigt sich mit frommen Tätigkeiten.

Im Traum Wasser zu sehen bedeutet Leben.

Wer im Traum Wasser trinkt, erreicht ein gutes und schönes Leben.

Reines und klares Wasser bedeutet Gutes.

## Wasserhahn

Wenn man im Traum am Wasserhahn die Hände und das Gesicht wäscht, befreit man sich von Kummer und Bedrängnis und wird glücklich. Von Kummer bleibt keine Spur zurück und man erreicht seine Ziele.

Wenn man vom Wasserhahn trinkt, erlangt man Geld und Wissen.

Wassermelone
Sofern man im Traum eine Wassermelone sieht, ist das ein gutes Zeichen.
Eine Wassermelone zur Erntezeit zu sehen, befreit von Kummer und Leid.
Eine schmackhafte Wassermelone zu essen, deutet auf einen gesunden Körper hin.

Watte
(Siehe Wolle)

Welt
(Siehe Erde)

Weltuntergang
(Siehe Kiyamet)


Weinen
Sofern man im Traum weint, erreicht man eine Erleichterung und befreit sich von Kummer.
Wenn im Traum die Tränen kalt sind, erleidet man Kummer und Leid.
Falls die Tränen warm sind, wird man glücklich.
Falls man im Traum weint, ohne zu schreien, befreit man sich von Kummer und Leid.
Wenn man sich im Traum weinen sieht, wird man sich sehr freuen.
Sofern die Augen sich mit Tränen füllen und nicht fließen, verdient man Besitztümer.
Wenn das Weinen aufgrund von Gottesfurcht oder der Reue bezüglich der Sünden erfolgt, wird sich der Träumende von Bekümmernis und Leid befreien und Freude erreichen.
Weinen im Traum ist ein Zeichen von Gottesfurcht, das Erreichen von Gnade und für diejenigen, die Regen erwarten, deutet dieser Traum auf Regen hin.

Weizen

Falls man im Traum Weizen sieht, deutet das auf Besitz und Gold hin.
Wenn man Weizen erhält, wird man Gold kaufen.
Sofern man Weizen isst, wird man eine fromme Person.
Falls man frischen Weizen isst, erlangt man fromme Glaubensausübung.
Sofern man Weizen kauft, werden sich die eigenen Kinder und der Besitz vermehren.
Von Weizen zu träumen bedeutet ansehnlichen Besitz, der unter Schwierigkeiten entsteht.
Wenn man Weizen kauft, wird man viele Kinder und viel Besitz haben.
Falls man Weizen sät, wird man eine Tat vollbringen, die dem Schöpfer zuspricht.

Wiese
Falls man im Traum die Welt voller Wiesen und fließender Gewässer sieht, hat man einen stabilen Glauben. Man wird von Glück begleitet.
Wenn man sich im Traum auf einer Wiese befindet, wird man von unerwarteter Stelle erfreut.
Eine Wiese bedeutet Freude.
Weltlich wird man viel erreichen.
Falls man arm ist, wird man wohlhabend, falls man bereits wohlhabend ist, erlangt man noch mehr Wohlstand und man bekommt vielversprechenden Nachwuchs.
Eine Wiese bedeutet Weltliches und ebenso einen stabilen Glauben.

Wind
Falls der Wind den Träumenden an einen hohen Platz bringt, erreicht man einen hohen Rang und Ansehen. Man erreicht seine Ziele.
Sofern der Wind angenehm weht, wird man eine stabile Arbeit finden und ein angenehmes Leben führen.

Winter
Sofern man sich nicht im Winter befindet und vom Winter träumt, deutet das auf Trauer und Leid hin.
Falls der Traum vom Winter auch im Winter erfolgt, bedeutet das, dass man Vorkehrungen trifft und Sicherheit erhält.

Wissen
Wenn man sich im Traum mit Gelehrten unterhält, mit diesen sitzt oder ein Freund dieser wird, lernt man neues Wissen, erlangt Ansehen und Aufmerksamkeit.

Wissenschaftler
(Siehe Gelehrter)

Wolf
Falls man im Traum einen Wolf sieht, heiratet man. Die Ordnung ist gut, man erlangt Besitz, Lebensunterhalt und man wird glücklich.

Wolke
Wenn man sich im Traum unter einer Wolke sieht, ist das ein Zeichen für Wissen und Weisheit.
Sofern man sich unter einer dunklen Wolke sieht, wird man Gutes von einer großen Persönlichkeit erlangen.
Sollte man sich unter einer gelben Wolke sehen, wird man krank.
Falls man sich auf der Wolke sieht, wird man eine große Persönlichkeit oder man erreicht seine Ziele und wird glücklich.
Wenn man im Traum eine Wolke über sich sieht, wird man große Würde, einen hohen Rang und beeindruckende Aussprache haben.
Falls man sieht, wie eine Wolke über einen zieht, wird man mit einer vertrauenswürdigen Person Freundschaft schließen und von ihm profitieren.
Sofern Wolken hin und her ziehen, wird man eine bedeutende Person als Gast haben.
Wenn man von Wolken träumt und eine Wolke vom Himmel herunterzieht, wird man ein Gelehrter und einen hohen Rang erreichen.
Falls man sich im Schatten von Wolken sieht, wird man in diesem Jahr Gutes erleben und Wohlstand erreichen.

Wolle

Wenn man im Traum Wolle sieht, ist das ein Zeichen für Besitz, Verhüllung, Bekleidung, Würde, Charisma, Glaube, Gutes und eine angesehene Arbeit.
Falls man im Traum Wolle sammelt, erlangt man guten Besitz.
Wer die Wolle versteckt und aufbewahrt, wird für die Familie Geld anhäufen.
Sofern man in einen Kissen oder in ähnlichem Wolle füllt, wird man heiraten.

Wüste
Sofern man im Traum eine Wüste sieht, wird die Erleichterung und die Glückseligkeit umso größer, je weiter und schöner die Wüste ist.
Wenn die Wüste voller Blumen ist, wird man einer großen Persönlichkeit nahe stehen und Wissen und Geschick erreichen.

Y

Yunus (a. s.) (islamisch für Jonas)
Falls man im Traum den Propheten Yunus (a. s.) sieht, wird man aus Eile einen Fehler begehen und dadurch Sorgen haben. Letztlich befreit man sich davon, der Fehler wird vergeben und man erlangt Größe und wird glücklich.

Yusuf (a. s.) (islamisch für Josef)
Falls man im Traum den Propheten Yusuf (a. s.) sieht, wird man verleumdet, aber letztlich befreit man sich davon und im Anschluss fügen sich die Geschicke zu seinem Gunsten.

Z

Zähne
Wenn man im Traum Zähne sieht, deutet das auf die Familie und Verwandte hin.
Die oberen Zähne sind ein Zeichen für männliche Verwandte und die unteren Zähne für weibliche Verwandte.
Sollten die Zähne wackeln, deutet das auf eine Schwäche hin.
Saubere und schöne Zähne deuten auf die Befreiung von Kummer und Leid hin.

Falls die Zähne lang und weiß sind, ist das ein Zeichen für Kraft, Stärke und Rang.
Falls die Zähne wachsen, werden sich die Verwandten vermehren.
Kleine Zähne bedeuten Gutes, große Zähne sind eine frohe Botschaft.
Sollte man einen schmerzenden Zahn behandeln oder ziehen lassen, ist das Gutes und ist ein Zeichen für die Befreiung von Kummer und Bedrängnis.
Wenn im Traum die Zähne ausfallen, bedeutet das ein langes Leben.
Falls man träumt, dass alle Zähne ausfallen, wird man leben, bis alle Zähne ausgefallen sind. Zudem wird sich seine Familie vermehren.

Zelt
Sofern man im Traum ein Zelt sieht oder hineingeht, erlangt man Geld oder seine Worte werden vor hohen Persönlichkeiten angenommen.

Zemzem (Quelle in Mekka)
Wenn man im Traum Zemzem Wasser trinkt, wird man das Wohlwollen und die Gnade des Schöpfers erlangen.


Zitrone
Wenn man im Traum eine gelbe Zitrone sieht und davon isst, bedeutet das Besitz oder Geld.
Ein Zitronenbaum ist ein Zeichen für einen sehr wertvollen Mann.

Zucker
(Siehe Süßspeise)

Zuhören
Sofern man im Traum verschiedenem Gesagtem zuhört und sich an die guten Worte hält, ist das eine Freudenbotschaft und ein Zeichen für Freude.

Zunge

Falls man von einer Zunge träumt, wird das mit dem eigenen Wissen, der eigenen Gesundheit und Stärke gedeutet.

Manchmal bedeutet eine Zunge im Traum auch, dass man für die Familie eine Hilfskraft einstellen wird.

Die Bedeutungen der Abkürzungen in diesem Buch

(c. c.) Celle celaluhu: Wird ausgedrückt, um Allah zu erhöhen.
Wird nur in Zusammenhang mit Allah verwendet.

(s. a. v.) Sallallahu aleyhi ve sellem: Mögen auf Mohammed Allahs Segen und Gruß sein.
Wird nur in Zusammenhang mit Mohammed verwendet.

(a. s.) Aleyhisselam: Möge Allahs Gruß mit ihm sein.
Wird nur in Zusammenhang mit Propheten verwendet.

(r. a.) Radiyallahu anh: Möge Allah mit ihm/ihr einverstanden sein.

Wird nur in Zusammenhang mit den Begleitern zu Lebzeiten Mohammeds und manchen islamischen Größen verwendet.

Literaturverzeichnis

Titel: Ibni Sirin – Rüyalar Kitabı
Haza Ta´bir-name-i Ibni Sirin
Ersteller: Savaskan Cem Bahadır
Verlag: Büyüyen Ay

Titel: Nablusi, Ibn-I Sirin ve Seyyid Süleyman´dan derlenen
En doğru Rüya Tabirleri
Ersteller: Hattat Hafız, Mustafa Necati Bursalı
Verlag: Tuğra Nesriyat

Titel: Rüya Yorumları – Imam Nablusi

Verlag: Alya Yayınları

Titel: Seyyid Süleyman el-Hüseyni – Rüya Yorumları
Kenzü´l-Menam
Verlag: Şadırvan

Titel: Imam Nablusi – Islami Büyük Rüya Tabirleri Ansiklopedisi
Verlag: Seda Yayınları

CPSIA information can be obtained
at www.ICGtesting.com
Printed in the USA
LVHW101143181021
700748LV00005B/29